ークで読む世界ウラ事情

名越健郎

日経プレミアシリーズ

はじめに

二〇二〇年――。野生動物を提供する中国湖北省・武漢の料理店で、コック長が部下の料理人を叱責した。
「お前は一九年のあの日、なぜコウモリをオーブンから一分早く取り出したのだ」
「すみません。あの生煮えのコウモリが、世界に破局を招いてしまいました」

筆者は政治ジョークの収集を趣味にしていますが、ロシアのアネクドート（小話）サイトにアップされたこの作品を見つけた時、思わずうなってしまいました。木を見て森を見せる切り込みの鋭さ、視点を一気にずらすスケールの大きさは、傑作なアネクドートの定番です。

世界で一億三千万人以上の感染者、約三百万人の死者を出している新型コロナウイルスの起源は謎のままで、中国政府は武漢発生源説を否定しています。しかし、二〇一九年十二月ごろ、最初に集団感染が確認されたのが武漢だったことから、武漢が発生地とされています。

〇三年に流行した重症急性呼吸器症候群（SARS）の起源はコウモリといわれていますが、新型コロナウイルスもコウモリ起源説が有力です。

中国南部の広東料理では、「飛ぶものは飛行機以外、四つ足は机と椅子以外は何でも食べる」といわれます。コロナ禍は、このアネクドートのように、珍味といわれるコウモリのウイルスが、調理ミスから人体に入り、グローバル化の波に乗って感染が世界に拡散した疑いが出てきます。

ロシアは二〇年初め、中国との国境を素早く閉鎖したものの、その後、アルプス・スキーを楽しんだ富裕層がイタリア北部からウイルスを持ち帰って拡散。感染者数は世界ワースト五位（二一年三月時点）で、地方で医療崩壊を招くなど、社会・経済に大打撃を受けました。

中国外務省のホームページによると、ロシアのプーチン大統領は二〇年四月に習近平国家主席と電話会談を行った際、「ウイルスの発生源をめぐり、中国の顔に泥を塗るやり方は受け入れられない」と中国を擁護しました。

しかし、ロシアの一般庶民は、他の感染拡大国の庶民同様、膨大な被害をもたらした中国に恨み骨髄のはずです。アネクドート・サイトには、政府の立場と異なる自由で健全な批判精神が宿っています。

ロシアの飲み会に持参するもの

筆者が時事通信の記者としてモスクワに駐在していた時、ロシア人との飲み会に必ず持っていくものがありました。飲み会で披露するアネクドートを四つ、五つ持参するのです。

ロシア人の飲み会の醍醐味は、興が乗るとアネクドートのオンパレードになることでした。強くないので閉口しましたが、ウオツカを三、四杯流し込み、体が温まると、「こんなの知ってる?」と披露が始まります。

カーチャが働くコルホーズ（集団農場）には、三人の若者がいて、カーチャに求婚していた。

イワンはウオツカに目のない酔っ払いだった。

イーゴリは賭け事にのめり込んでいた。

アンドレイはセックスのことしか頭になかった。

誰にしようか迷ったカーチャが、コルホーズの長老に相談した。

「アンドレイにしたまえ。他の二人の欠点は年とともにひどくなるが、アンドレイの場合はその逆だから」


メドベージェフ大統領が深夜、夢にうなされてベッドから飛び起きた。

スベトラーナ夫人が尋ねた。

「いったい、どんな夢を見たの。アメリカに攻撃されるとか、ロシアが崩壊するとか？」

「もっと恐ろしい。私がプーチン首相を解任する夢だ」


アネクドートには、ロシア語の韻を踏んだ難解なものが多く、何度も説明を頼んで座をしらけさせたものでした。二度目の赴任の時は飲み会の前に準備し、ロシア人の助手に文法などを直してもらい、スマートな表現にして臨むようにしていました。

ジョークのセンスや現実をパロディー化する能力にかけては、ロシアは先進国で、日本人はとても対抗できません。

「アネクドート」の語源は、ギリシャ語の「アネクドトス（地下出版）」から来ており、帝政時代からロシアの伝統でした。旧ソ連のスターリン時代には、政治小話を口にしただけで逮捕され、収容所送りになった記録もあります。

しかし、アネクドートは社会主義の矛盾や抑圧を温床として、旧ソ連・東欧圏で異常な発展を遂げました。庶民の不満や憂さを晴らし、現実を諦観する批判精神が、ソ連邦を崩壊に追い込む原動力になったのかもしれません。

かつての旧共産圏の政治ジョークには、「部分的な真理が必ず込められている」という格言があり、社会を動かす力を秘めています。

アネクドートはゴルバチョフの時代から市民権を得ており、現在もインターネット上やSNSで力作が飛び交っています。

酷評されるアメリカ大統領

アメリカにも政治ジョークの伝統があり、特に三大テレビ・ネットワークの「Late Night」と呼ばれる夜のトークショーが人気です。

一九九〇年代の冷戦終結、クリントン大統領登場の頃から、スーパースターの大統領がジョークのネタになりました。議員やセレブも叩かれますが、トランプ大統領への酷評は気の毒なほどでした。高級紙『ニューヨーク・タイムズ』の電子版に、前夜のトークショーの作品が掲載されています。

ヒラリー・クリントン元国務長官が占星術師に占ってもらった。

「あなたの夫は将来、悲劇的な死を遂げることになります」

「それで、私は無罪ですか」

問●「son of a bitch（このろくでなし）」よりも相手を罵倒する表現は何か?

答●「son of a Bush」だ。


オバマ大統領が国民との対話で、電話による質問を受けた。

「大統領、暇な時に一度でいいから会って私の話を聞いてください」

「あなたはどなたですか」

「ジョー・バイデン、副大統領です」


バイデン大統領の就任式出席を拒否したトランプ大統領が、米空軍基地でお別れの演説を行い、最後にこう述べた。

「We will see you soon」

ニューヨークのマンハッタン地検特捜部の検事もこれを見て言った。

「We will see you soon」


政治ジョークのサイトは欧州やアジア、中東などにもあり、非英語圏では一部が英語に訳されています。ただし日本人がすぐに理解して笑えるネタを探すのは容易ではありません。日本でもジョーク本が多数出版されているものの、多くは冗長で緩慢、なかなかシャープなネタには出合えません。

筆者は二〇〇八年に『ジョークで読む国際政治』（新潮新書）という本を出しましたが、ある外交官から「外交官同士の会話で使うため、ジョークの本を何冊も買い込んだが、使えたのはあんたの本だけだった」と言われたことがありました。

権力者や官僚主義、生活の不自由を揶揄《やゆ》し、毒を盛り込んで笑いを取る小話は、世界の普遍的なテーマです。日本では、川柳というジャンルが発達していて、政治ジョークはまだま だ後発です。

アネクドートの分野で筆者の恩師だった作家兼通訳の故米原万里さんは、「短いアネクドートほど、寸鉄人を刺す傑作が多い」とし、「意外性と機転、マクロとミクロの反転、詐欺にも似た錯覚がすぐれたジョークのコツ」（『必笑小咄のテクニック』集英社新書、二〇〇五年）と喝破していました。

世界大乱の時代

シェークスピアの作品に「Sea Change」という造語があります。凪《な》いでいた海が一気に嵐に直面する現象で、大激動といった意味です。英語では、複数のハリケーンが合流し、一気に発達して猛威を振るう現象を「Perfect Storm」といいます。

新型コロナが世界を襲い、グローバル化の波を逆流させた二〇二〇年は、シー・チェンジであり、パーフェクト・ストームの年と言えるかもしれません。その余波は今後何年も続きそうです。

米中覇権争いはますます激化し、中国の強硬な外交が周辺諸国・地域に脅威を与えています。世界注視の米大統領選は、風雲児のドナルド・トランプ大統領が敗退し、ややひ弱な印象のジョー・バイデン氏が後継者になりました。

英国の欧州連合（EU）離脱は、欧州の地政学的な変化につながりそうです。ロシアの反政府指導者、アレクセイ・ナワリヌイ氏への弾圧は、プーチン体制の落日を予感させます。

本書では、近年の国際政治の激動を示す主要国の最新政治ジョークを紹介しながら、軽い解説を付けました。米原さんの指摘に沿って短いジョークに絞り、日本の読者が納得できる作品を選びました。出典は、各国のネット・サイトやＳＮＳが中心です。作者は匿名で、読み人知らず、著作権は存在しません。

筆者は、拓殖大学海外事情研究所が発行する国際情勢専門誌『海外事情』に「世界最新アネクドート」というコラムを連載しており、それをもとに書き下ろしました。

一九五五年創刊の『海外事情』は、国産の国際情勢専門誌が出版不況で次々に休刊・廃刊となる中、国際問題の老舗の専門誌として気を吐いています。

日本外務省の外郭団体、国際問題研究所の『国際問題』（電子版）もありますが、面白さや内容の充実では『海外事情』が圧倒すると自負しています。

本書の執筆に当たっては、日経ＢＰ日本経済新聞出版本部の堀口祐介氏にお世話になりました。

二〇二一年三月

著　者

目次

第5章　東アジアは荒れ模様

第 1 章

武漢のバットマン

バットマンとロビン（1966年の映画から）

死亡も「メイド・イン・チャイナ」

新型コロナウイルス感染症（正式名称は「ＣＯＶＩＤ-19」）の起源解明を目指して、世界保健機関（ＷＨＯ）の国際調査団が二〇二一年二月、中国湖北省武漢市を訪れました。しかし、明確な結論は下せませんでした。

ＷＨＯの現地調査は、コロナ発生から一年以上待たされ、集団感染が起きた海鮮市場は徹底消毒されていました。中国当局は、コロナウイルスが武漢ウイルス研究所から流出したとの疑惑を全面否定しました。

とはいえ、発生源は引き続き、「武漢」「コウモリ」「ウイルス研究所」がキーワードとみられています。

コロナワクチンの開発に当たった森下竜一・大阪大学大学院教授は、「台湾で浸透している説」として、「実験動物を食べたのではないか。研究機関では、ウイルスに感染していない豚やウサギを使って様々なウイルスの感染実験を行います。実験後は当然ながら焼却処分にして廃棄します。ところが中国では、本来焼却処分にされるべき動物が、食物市場に横流しされている」と分析しています（『新型コロナの正体』長谷川幸洋との共著、ビジネス社、二〇二〇年）。

ウイルスを流出させた疑いが残るのが、武漢ウイルス研究所です。この研究所では、石正麗という女性研究者が中心になってコウモリ・ウイルスを研究しており、他の動物への感染も実験していたとみられています。

石氏は〇三年に中国を中心に流行したＳＡＲＳウイルスがコウモリを起源にしていることを証明し、「バットウーマン」（中国語で蝙蝠女俠）と呼ばれています。しばらく公の場に現れませんでしたが、武漢を訪れたＷＨＯの調査団と面会しました。

このウイルス研究所について、在北京米大使館の科学担当専門家が一八年、「安全対策が不十分な環境でコウモリ・ウイルス研究が行われており、ヒトへの感染リスクがある」と国務省に警告していたと、米紙『ワシントン・ポスト』（二〇年四月十四日付）が報じていました。

コウモリは日本を含め、世界各地の洞窟などに広範に生息する哺乳類。変異しやすいウイルスを持ち、「ウイルスの貯水池」だそうです。中国では珍味として知られており、食べて感染したとすれば、冒頭で紹介したロシア・アネクドートの「分析」が当たっていることになります。

コロナ感染は一九年十二月に始まったとされていますが、米ハーバード大学メディカル・スクールが武漢の病院駐車場の衛星画像やネット上の「咳」「下痢」などの症状に関する検索データを解析した結果、一九年八月の段階ですでに武漢でクラスターが発生していた可能性があるとのことです。

中国当局は、ウイルスが武漢で発生したとの見方を否定しています。中国人学者の科学論文は、ウイルスは従来考えられていたよりも早く、一九年春ごろイタリアやスペインで発見されたと主張。中国政府は、輸入冷凍食品に付着して中国に流入したと強調するなど、中国起源説の払拭に躍起です。

しかし、欧米やロシアのジョーク・サイトでは、「武漢コウモリ主犯説」を前提に議論が展開されています。

新型コロナをジョークのネタにするのは不謹慎ですが、ステイホームを強いられ、欲求不満が高まる多くの人々はジョークで憂さを晴らしており、新作が次々にアップされています。

問●新型コロナウイルスはどのようなスピードで広がったか？
答●Right off the bat（即座に）

問●中国の野球チームの打撃はなぜ弱いのか？
答●Bat（バット、コウモリ）を食べるからだ。

インド政府が中国に対し、クリケットを本格的に取り入れるよう呼びかけた。
「バット一つで世界を震撼させたのは中国だけだ」

問●コウモリを食べると、COVID-19に感染するなら、カラスを食べると何に感染するか？
答●CORVID（カササギ）-19。

問●アメリカで真っ先にコロナウイルスに感染するのは誰か?
答●バットマンとロビン。

問●野球のメジャーリーグで、バット・ボーイが二十歳までに辞めるのはなぜか?
答●成人すると、バットマンになるからだ。

問●コロナウイルスとパスタの共通点は何か?
答●どちらも中国で発祥し、イタリア人が広めた。

問●新型コロナウイルスと銃の共通点は何か?
答●いずれも中国で作られ、大半の米国人が保有している。

ハリウッド俳優のジョン・トラボルタが発熱し、コロナ感染の疑いがあるため病院で診察を受けた。

結果は陰性で、医師は「Saturday Night Fever」と診断した。


問●歌手のマイケル・ジャクソンが健在だったら、コロナウイルスに感染しただろうか?

答●感染した。片手にしか手袋をはめないからだ。


新型コロナウイルスに感染し、重症になったアメリカ人の高齢者が、死ぬ前に嘆息した。

「やれやれ、私の死も『Made in China』だ」


新型コロナウイルスが一年以上収まらないことに、高齢の米国人が驚いた。

「『Made in China』は通常、半年でだめになるが……」


コロナウイルスがパンダを通じて感染しなくてよかった。

もし感染していたら、「pandamic」

問●コロナウイルスのジョークは面白いか?
答●tasteless（無味）
問●ホームパーティーに持参するビールは何か?
答●A case of Corona

Right off the bat とは、バットで打った瞬間にボールが飛んでいくイメージから来たイディオム（慣用句）で、ウイルス感染源とみられる「Bat（コウモリ）」と掛け合わせています。

コウモリをモデルにしたアメリカの架空のスーパーヒーロー、「バットマン」が登場したのは、戦前の一九三九年でした。幼い頃に両親を殺された大富豪が、皆が恐れるコウモリの衣装をまとって悪党を懲らしめるというストーリーです。

ハリウッド映画『ザ・バットマン』シリーズ最新作の撮影が二〇二〇年秋に始まりました

が、主演のロバート・パティンソンは、一時感染の疑いがあったため隔離措置が取られた後、「陰性」だったと発表されました。話題作りのやらせだったのかもしれません。

『サタデー・ナイト・フィーバー』は一九七七年製作のディスコ映画で、世界中で大ヒットしました。筆者は駆け出し記者の頃、台湾南部・高尾の映画館で見ており、「週末的狂熱」と訳されていました。投稿したのは、高齢者でしょう。

ハリウッドのスターでは、トム・ハンクス、マドンナ、メル・ギブソン、カニエ・ウエストらも感染したことを公表しました。回復しても、高齢者は後遺症が残るケースが多く、厄介な病気です。

「コロナ・ビール」を生産するメキシコの大手ビールメーカーは二〇二〇年、生産を一時停止しており、「風評被害」が気の毒です。

「死ぬのは奴らだ」

中国は一千万都市の武漢を丸ごと封鎖する前例のない強硬手段を取り、コロナウイルスを封じ込めました。

監視カメラやビッグデータなどデジタル化の成果と喧伝されましたが、実際に武漢の封鎖を可能にしたのは、「社区」と呼ばれる末端の行政単位ごとに行われた住民相互の厳格な管理体制だったそうです（『東京新聞』二〇二〇年十二月二十二日付）。中国得意の人海戦術が効果を発揮しました。十日間の突貫工事で仮設病院を建設したのも驚きでした。

前出の森下教授によると、武漢で発生したコロナウイルスは、スペインやイタリアで感染力の強いウイルスに変異し、世界に蔓延したようです。日本も含め、武漢型はほぼ終息した模様です。

中国はコロナを封じ込めた結果、二〇年のＧＤＰは前年比二・三％のプラス成長と発表しました。投資など企業部門が回復を牽引したそうで、主要国では唯一のプラス成長です。二一年は八％程度の成長が予想され、早くもＶ字回復で一人勝ちの様相です。

しかし、情報を隠蔽して海外に真相を公表せず、当初虚偽の発表をしていた責任は重大です。

初動の不手際に対する損害賠償を求める動きが各国で広がり、米、英、伊、独、エジプト、インドなど少なくとも八カ国が賠償を要求、請求総額は中国の七年分のGDPに匹敵する百兆ドル（約一京一千兆円）に上る――とフランスの放送局、RFIが二〇年四月に報じていました。

自らも感染したトランプ大統領は「Wuhan Virus」「Chinese Virus」と中国の責任を追及していました。

中国が一切謝罪せず、コロナ禍で強硬な「戦狼外交」を進めるのは、謝罪すれば、賠償責任を伴うためかもしれません。責任問題を強行突破で乗り切ろうとしています。

一方で、世界最大の感染国である米国の状況は惨憺たるものでした。二一年一月初めには、一日の感染者が全米で二十五万人に達し、世界の感染者全体の四分の一を占めました。トランプ大統領がマスクの効用を否定したり、都市封鎖よりも経済活動を優先したり、無症状の感染者を放置したりで、米国のコロナ禍は「人災」の要素もありそうです。

トランプ氏の退陣後、感染者数は減少していますが、バイデン政権にとってコロナ対策は最重要課題です。

問●コロナウイルスによって達成されたトランプ大統領の功績は何か?

答●原油価格下落、移民の流入停止、スクール・シューティング（学校銃撃事件）の阻止。

アメリカで新型コロナ感染者が爆発的に増えると、メキシコの大統領がトランプ大統領に電話して言った。

「国境の壁の完成を急いでほしい」

トランプ大統領がマスクをつけずに工場を視察した。

これを報じた米テレビが、バックグラウンド曲に『007』シリーズのテーマ曲を流した。

「Live and Let Die（死ぬのは奴らだ）」

問●トランプ大統領とコロナウイルスの共通点は何か?

答●ともに後遺症が残る。

トランプ大統領とメラニア夫人にコロナウイルスの陽性反応が出た。
夫人がトランプ氏と濃厚接触したことの方が驚きだ。

問●国際テロ組織のアルカイダとコウモリの共通点は何か？
答●ともに暗い洞穴に潜伏し、米本土攻撃に成功した。

長く意識を失っていた患者が回復し、新聞で新型コロナ感染者数の国別ランキングを見て言った。
「アメリカ、ブラジル、ロシア、イタリア、イギリス、ドイツ……東京五輪の金メダル獲得ランキングかと思った」

五十年前、アメリカ人は月面に到達した。
現在は、アメリカ人はカナダにも到達できない。

新型コロナはいまや、イエス・キリスト生誕に匹敵するほど歴史を塗り替えた。
ＢＣは、Before Coronavirusといわれる。
ＡＤは、After Distancing

問●新型コロナウイルスの特効薬は、どうやって開発されるか？
答●ドイツ人が発明し、
アメリカ人が投資し、
フランス人がデザインし、
日本人が小型化し、
イギリス人が実用化し、
イタリア人が宣伝し、
中国人が海賊版を作り、
韓国人が起源を主張する。

北朝鮮でコロナ死者第一号が出た。

しかし、死亡した患者の頭部には銃弾が撃ち込まれていた。

習近平主席が、コロナウイルスの対策会議を医師団と開いた。

すると、張という医師が挙手をして言った。

「習主席に質問があります」
一、感染が拡大したのは政府の対応が遅かったからではないですか？
二、感染者数などに関する政府の発表は正確でしょうか？
三、今回の感染拡大は、人災ではないのですか？
すると司会者が急に、「会議は休憩」と叫んだ。

一時間後、会議が再開された。

今度は、王という医師が挙手をして言った。

「習主席に質問があります」
一、感染が拡大したのは政府の対応が遅かったからではないですか？

二、感染者数などに関する政府の発表は正確でしょうか？
三、今回の感染拡大は、人災ではないのですか？
四、先ほど会議が急に休憩となったのはなぜですか？
五、張さんはどこへ行ったのですか？

COVID-20の脅威

新型コロナウイルスは世界の風景を一変させてしまいました。冷戦後進んだグローバル化の波はストップし、各国ともコロナ禍の国内対策に躍起です。世界の観光地は閑古鳥が鳴き、歓楽街はゴーストタウンです。自国優先主義のナショナリズムが強まり、国際協調主義は後退しました。

ステイホーム、ソーシャル・ディスタンス、オンライン授業、オンライン・ビジネスがキーワードとなり、外出制限など厳しい感染対策を取った国もあります。西欧諸国では、経済封鎖に抗議する若者のデモが頻発しました。

フランスのＡＦＰ通信は、二〇二〇年一－九月の多国籍企業の業種別売上高推移をもとに、コロナ禍の「勝ち組」と「負け組」の業種を分析。勝ち組はインターネット関連（前年同期比一八％増）、大規模小売り（同九％増）、ＩＴ産業（同六％増）、負け組はファッション関連（同二一％減）、航空（同三一％減）、エネルギー産業（同三一％減）となっていました。

飲食業や運輸・旅行業、一部の製造業も業績が悪化しており、世界産業界の構図が変わりそうです。

問題は、コロナ禍がいつ終息するかですが、ワクチンが戦略物資となり、接種をめぐる熾烈な国際競争が起きています。ロシアや中国は早々と開発に成功したとし、第三世界に売り込みを図っています。

プーチン大統領が陣頭指揮に当たり真っ先に承認したロシア製スプートニクＶは、有効率九二％という成果を掲げていますが、中国製ワクチンの有効率は五〇％程度と報じられています。欧米諸国では、米ファイザー製、英アストラゼネカ製、米モデルナ製の争奪戦が激化しています。

日本はワクチン開発競争では蚊帳の外で、技術開発は力負けでした。

イギリスや南アフリカ、ブラジルでは、感染力の強い変異ウイルスが登場し、状況は悪化しています。

仮にCOVID-19を克服したとしても、中国で野生動物の食用習慣が続くなら、新たなコロナウイルスが誕生しかねません。中国政府は取り締まりを強めているそうですが、何世紀も続く食文化はなかなか変えられません。

以下は、ロシアのサイトに載っていた作品が中心で、「COVID-20」の発生を早くも予測しています。「高齢の夫婦」のネタは、同様のパターンが各国のサイトにもあり、歳月を経た夫婦関係は万国共通のようです。


ＰＣＲ検査で陽性になった軽症の患者に、医師が言った。

「チーズやクッキーを食べるようにしなさい」

「効果があるのですか」

「ドアの下から差し入れやすいので」

ロシアの天才少年アンドレイは化学の先生が大嫌いだった。

彼は遂に、オンライン授業で、先生のパソコンを爆破させることに成功した。


問●モスクワで自己隔離が最も徹底しているのは誰か?

答●レーニン廟のウラジーミル・レーニンだ。彼には感染しないが……。


ＰＣＲ検査で陽性になった無症状のロシアの若者同士の会話――。

「お前のは安物の中国製かイラン製だろう」

「とんでもない。イタリアのブランド物だ」


ドイツの売春婦は政府から、営業を停止すると、一千ユーロの補償を払うと言われた。

ロシアの売春婦は政府から、営業を停止しないと、一万ルーブルの罰金を科すと言われた。

問●ウオツカはコロナの感染防止に有効か？
答●有効ではないが、感染の恐怖を緩和することができる。

問●ロシアで、コロナ禍は女性の陰謀とみなされているのはなぜか？
答●感染死者の多くは男で、スポーツのゲームは中止、バーやクラブは閉鎖され、夫は愛人宅に行かなくなったからだ。

高齢の夫婦がコロナ禍でステイホームを強いられた。
妻は旅行をしなくなった。
妻は中国製を恐れてオンライン・ショッピングをしなくなった。
妻は人込みを避けるため、ショッピングモールに行かなくなった。
妻は家でもマスクをするようになった。
夫の長年の願望が遂に実現した。

営業を再開したロシアの会社に、新しい家具が届けられた。

スタッフの会話――。

「中国製ではないだろうな」

「残念ながら、イタリア製だ」

プーチン大統領の国民対話で、ロシアの農村の住民が質問した。

「われわれの村には、商店も病院もなく、道路も橋も壊れていて街に行けません」

「それならコロナ対策は万全だ。ウイルスはあなたの村には届かない」

イギリスで新型コロナウイルスの変異株が発見されると、中国政府がイギリス政府に抗議した。

「著作権侵害だ」

オバマ元米大統領は、アメリカ製ワクチンが安全であることを国民に納得させるため、自らワクチンを接種した。

プーチン・ロシア大統領は、ロシア製ワクチンが安全であることを自分に納得させるため、国民にワクチンを接種させた。


ロシアの医大で、学生が教師に質問した。

「二〇二二年もCOVID-19は世界を震撼させるでしょうか?」

「いや、収まっているだろう」

「安心しました」

「その代わり、COVID-20が中国からやってくる」


二十二世紀、強力な新型コロナウイルスがまた世界を襲った。

アメリカでは、米大統領が国民に自宅待機を訴えた。

フランスでは、欧州連合(EU)大統領が国民に自宅待機を訴えた。

旧ロシアでは、中国共産党総書記が国民に自宅待機を訴えた。

第 2 章

大統領の
バトル・ロワイアル

バイデン大統領（左）とハリス副大統領。
（2021年3月、ホワイトハウス）
©CNP / 時事通信フォト

最高齢大統領のアキレス腱

第四十六代米大統領のジョー・バイデン氏は、涙もろいことで知られています。カトリック教徒の大統領としては、ケネディ大統領に次いで米史上二人目。そのケネディが一九六三年十一月、テキサス州ダラスで凶弾に倒れた時、バイデン氏はデラウェア大学の二年生でした。

バイデン氏は副大統領時代の二〇一三年、著名人がケネディ暗殺事件を回顧する著作集『あなたはどこにいた?――アメリカはJFK暗殺を記憶する』に寄稿し、「今も鮮明に記憶している。金曜日の午後で、暖かい日だった。授業が終わり、ホールから外へ出ようとしたら、誰かが『大統領が撃たれた』と叫んだ。キャンパス内に車を止めていたので、友人二人と車まで走り、カーラジオをつけた。信じられない思いだった」とし、涙が出たと告白しています。

アメリカ人は、ケネディ暗殺事件と二〇〇一年の9・11同時多発テロをどこで聞いたか覚えているといわれます。ケネディ暗殺事件の鮮明な記憶は、相当の高齢者であることを示しており、それだけJFKへの思い入れも強かったようです。

「ケネディが当選した時、私は高校生だった。ケネディはすべての可能性を切り開いた。就任演説から月面到達の夢まで、彼は未来にあらゆる可能性があると力説した。六〇年代、われわれアイルランド系カトリックは『二級市民』とみなされていたが、彼のおかげでプライドを持てた」

バイデン氏は公の場でよく涙を流しています。近年では、二〇一七年の副大統領退任前、オバマ大統領からアメリカ最高の栄誉「大統領自由勲章」を授与された時、知らされていなかったため、驚いて涙を流しました。

上院外交委員会で超党派外交を展開した長年の盟友、マケイン共和党上院議員が一八年に死去した時も、追悼演説で「生涯、信頼できる友だった」と述べて涙を流しました。

大統領就任式の前日、地元のデラウェア州ニューカッスルで見送り行事に参加した時のあいさつでも、脳腫瘍のため四十六歳で死去した長男に言及し、涙を流す場面がありました。

率直で庶民的な人柄は魅力ではありますが、核のボタンを握る大統領は、あまり感情をあらわにしない方がいいでしょう。バイデン氏が涙もろいのは、高齢で涙腺がゆるくなっているからだけでなく、家族の悲劇も影響しているのかもしれません。

ペンシルベニア州に生まれたバイデン氏は、実家は裕福ではなく、大学に進学したのは一族で初めてだったそうです。この時代に学生が車を持つのは珍しいですが、父親は当時、中古車ディーラーでした。喘息の持病でベトナム戦争には従軍していません。結局、ベトナム戦争に従軍した同時代の米大統領は一人もいないことになります。

一九七二年、二十九歳で建国以来五番目の若さで連邦上院議員に当選。その直後、学生時代に強引にアタックして射止めたネイリア夫人が三人の子どもを車に乗せてクリスマスの買い物に行く途中、トレーラーと衝突し、夫人と娘が即死。息子二人も重傷を負いました。英語教師の公職を持つファーストレディー、ジル夫人とは再婚です。

バイデン氏は重傷を負った息子二人と暮らすため、デラウェア州の自宅からワシントンまで往復三時間かけて電車通勤し、車内で国際問題を勉強しました。

将来を嘱望されていた長男、ボー・バイデン氏は二〇一五年に病死。次男のハンター氏は、一三年に薬物使用で海軍予備役を除隊になった後、父親の職権を利用した「中国疑惑」「ウクライナ疑惑」を起こしており、共和党が追及しそうです。

バイデン氏の長い政治家生活は、アメリカ政治史を次々に塗り替えています。大統領選では八千百二十八万票の史上最高得票で当選。七十八歳での大統領就任も史上最高齢です。

しかし、あまり魅力的な候補とは言えず、〇八年の大統領選民主党候補指名争いでは、オバマ、ヒラリー・クリントン、エドワーズという個性ある三強に歯が立たず、早々と撤退。三度目の挑戦で大統領の座を射止めました。

三十六年間の上院議員、八年間の副大統領を経て、賞味期限切れの印象があります。政治や外交のプロながら、地味で平凡、中庸型の指導者です。コロナ禍や社会の分断、強烈なトランプ政治など、多くの激動を経たアメリカを癒やすには格好の人物かもしれません。

バイデン氏には危なっかしさもあり、議員時代、パーティーで女性の肩や首に手を回すなど、セクハラで何度も訴えられ、脇の甘さが目立ちます。車椅子の聴衆に「顔が見えないので立ってくれ」と言ったり、「デラウェアのコンビニやファストフード店はインドなまりの英語ばかりだ」「私に投票しないなら、黒人ではない」と発言するなど人種をめぐる失言癖もあります。

一九八八年、最初に大統領選に立候補した時には、英労働党党首の演説を盗用していたことが暴露され、撤退に追い込まれました。ロースクール時代にも論文盗用事件を起こしています。

最も気がかりなのは認知症疑惑です。今回の大統領選でも、演説中にオバマ前大統領の名前が出てこなかったことが二度あり、ユーチューブにアップされていました。トランプ大統領を「ジョージ」と呼んだり、「米国ではコロナで一億二千万人が死んだ」と間違えたり（正しくは、その時点では十二万人）、バージニア州を遊説中、「ここノースカロライナでは……」と述べたこともあります。

選挙戦でトランプ大統領はバイデン氏を「スリーピー・ジョー」「クレージー・ジョー」と呼び、「彼は体力的にも、精神的にも弱い人間だ」と攻撃しました。深夜のトークショーやジョーク・サイトでは、バイデン大統領の「弱さ」がネタになるようです。

問●バイデン政権で最も進展しているものは何か？
答●バイデン大統領の記憶力喪失だ。

問●バイデン大統領がホワイトハウス入りして最初にしたことは何か？
答●四年前に休憩室に食べ残したサンドウィッチを探した。

問●トランプ大統領とバイデン大統領の知識はどちらが豊富か？
答●トランプ大統領だ。トランプ氏が学んだことより、バイデン氏が忘れたことの方が多い。

歴代米大統領には、知られてはならない弱みがある。
クリントン大統領に、関係した女性の数を尋ねてはならない。
トランプ大統領に、正確な納税額を尋ねてはならない。
バイデン大統領に、記憶力を尋ねてはならない。

問●トランプ大統領とバイデン大統領の演説の違いは何か。
答●トランプの演説は、聴衆が発作に襲われたような錯覚を覚える。
　バイデンの演説は、バイデンが発作に襲われたような錯覚を覚える。

バイデン大統領が就任式後、執務室の机の中にトランプ大統領が書いた手紙を見つけた。

手紙にはこう書かれていた。

「Good Bi-den」

問●トランプ氏がホワイトハウスに入れなくなったのはなぜか?
答●Because the White House is forbiden（for Biden）

中国政府がバイデン大統領の誕生を祝い、北京の観光名所の英語名を変更した。

「For Biden City」


バイデン大統領がインタビューで、ジル夫人がイエスと言うまでに五回結婚を迫ったことを明かした。

コメンテーターが言った。

「これはプロポーズではなく、ハラスメントです」

forbiden（正しくは forbidden）には、禁断という意味があり、「バイデンのために」の駄洒落です。北京の世界遺産、紫禁城は英語では、the Forbidden City で、やはり Biden との掛け言葉です。

さようならは goodbye ですが、就任式をボイコットしたトランプ氏が手紙を残したことは驚きでした。

正副大統領の距離感は……

二〇〇九年から八年間続いたオバマ政権は、若いオバマ大統領をベテランのバイデン副大統領が支え、二人は頻繁に会って政策を協議するなど盟友だったと一般には思われています。

しかし、二〇年秋に出版されたオバマ氏の回想録『A Promised Land』（邦題は『約束の地』）によると、二人はそれほど緊密な関係でもなかったようです。

オバマ氏は、同世代のバージニア州知事、ティム・ケイン氏を副大統領の第一候補に考えていましたが、ともに若い人権派弁護士なので有権者の選択肢が狭まることから、「私の若さを懸念する人々を安心させるため」、政治のプロ、バイデン氏を選んだそうです。

オバマ氏より十九歳年上で、ワシントンの水にどっぷりつかったバイデン氏は、オバマ氏が掲げた「変化」とは真逆の人物です。

回想録によれば、オバマ氏がバイデン氏に副大統領候補をオファーした時、バイデン氏は「あなたに私の最高の判断と率直なアドバイスを与えるようにしたい。大きな決断については、最後まで決定に参加させてほしい」と政策決定への積極関与を要求、オバマ氏はやむなく受け入れたそうです。

回想録は、バイデン氏は他の政権幹部と意見が食い違うことが多かったとも書いています。一〇年五月、同時多発テロの主犯、オサマ・ビンラディンのパキスタンでの潜伏先が判明し、米軍特殊部隊の急襲作戦を計画した際、バイデン氏は失敗した時のリスクやアフガニスタン戦争への影響を指摘し、「やめるべきだ」と反対しました。

オバマ氏はバイデン氏の欠点を厳しく指摘しており、「一人でしゃべり続けてしまう癖が、誰よりも強い。十五分の持ち時間を与えられたら、三十分は話す。三十分与えられたら、どれだけ話すか分からない」と書いています。「フィルターが欠落」しているため、頭に浮かんだことは何でも口にし、「マイクの前で自制心を欠く」ため、「不必要な論議を招く」そうです。失言が多いのもこのためかもしれません。

オバマ氏はさらに、「スタイルが古く、目立ちたがり屋で、自己認識を欠きやすい。しかるべく遇されていないと、立腹するところがある」とも酷評しています。「謙虚で率直、忠実な人間」と褒めながらも、正副大統領だった八年間は疑心暗鬼のところがあったようです。オバマ氏が描くバイデン氏の人物像は、やや凡庸で古いタイプの政治家で、二十一世紀の大統領にふさわしいのか気になってきます。

オバマ大統領は退陣後も人気がありますが、オバマ外交は「米国は世界の警察官ではない」と言ったり、北朝鮮の核・ミサイル実験に「戦略的忍耐」で臨んだり、「引きこもり外交」でした。演説がうまく、「酒を飲んでいなくても酔った感じになる」と言われたものの、テレプロンプターがない時、アドリブでは演説ができず、しどろもどろになったこともありました。


オバマ政権時代、正副大統領がゴルフをした。

バイデン副大統領は「私のハンディキャップは20だ」と申告した。

オバマ大統領は「私のハンディキャップは副大統領だ」と申告した。


ホワイトハウス一周マラソンで十分を切ったオバマ大統領がバイデン副大統領に言った。

「十分を切ったのは、歴代大統領で初めてだろう」

「ブッシュ（子）大統領は9・11だった」


オバマ政権時代、与野党の紛糾で議会が予算支出を停止し、連邦政府がシャットダウン（閉鎖）された。

オバマ大統領は不要不急のスタッフをレイオフするよう指示した。

「インターン、アルバイト、雑用係、副大統領……」

オバマ政権時代、共和党が移民制度改革をめぐってオバマ大統領の不正を指摘し、大統領弾劾を示唆した。

オバマ大統領が共和党を牽制した。

「『バイデン大統領』でいいのか」

オバマ政権時代、バイデン副大統領が七十歳の誕生日を迎えた。オバマ大統領はバイデン副大統領を執務室に呼んで言った。

「私の名代として、副大統領の誕生日パーティーに参列してもらいたい」

二〇一二年、オバマ大統領が再選を決めると、バイデン副大統領が「しばらく休暇を取りたい」と話した。

記者団が皮肉った。

「四年間ずっと休暇だったのに」

二〇一〇年、イラン政府がバイデン米副大統領の入国申請を拒否した。

米国土安全保障省の高官が部下に指示した。

「イランを見習え。あのような目立たない人物でも、きちんとチェックしている」

オバマ大統領が家族と食事中、黙りこくった。

娘が「パパはなぜ話さないの」と尋ねると、ミシェル夫人が言った。

「パパはテレプロンプターがないと、何も話せないのよ」

オバマ大統領がホワイトハウスの寝室でミシェル夫人の美しさを褒めると、夫人が言った。

「テレプロンプターを使ってよ」

オバマ政権時代、アメリカの情報機関が個人情報収集・盗聴を行っていたことが、ロシアに亡命した元米国家安全保障局（ＮＳＡ）職員、スノーデンによって暴露された時、歴代大統領が嘆息した。

クリントン大統領「私の不倫もばれているかもしれない」

ブッシュ（子）大統領「私の文法の誤りもばれているかもしれない」

バイデン副大統領「私がオバマを無能呼ばわりしていることもばれているかもしれない」

二〇一二年の大統領選。再選を狙うオバマ大統領は不人気のバイデン副大統領に代えて、ヒラリー・クリントン国務長官を副大統領候補に起用することを検討した。

すると、クリントン元大統領がオバマ氏に止めるよう説得した。

「ヒラリーをパートナーにして苦しむのは、私だけで十分だ」

二〇一二年ロンドン五輪に参加したバスケットボールの米ナショナル・チームについて、バスケに詳しいオバマ大統領がコメントした。

「マイケル・ジョーダン、マジック・ジョンソンのいた九二年のドリームチームの方がよかった」

全米プロバスケットボール協会（ＮＢＡ）が反論した。

「ビル・クリントン、アル・ゴアのいた九二年のドリームチームの方がよかった」

オバマ元大統領がバイデン大統領の就任を歓迎した。

「なぜなら、彼は私をより偉大な大統領に見せてくれる」

したたかな女性副大統領

バイデン大統領は閣僚や高官に女性や黒人、ヒスパニック、ＬＧＢＴＱ（性的少数者）らを積極的に起用し、政権はカラフルな陣容になりました。白人警官による黒人男性圧殺事件を受けて全米に抗議行動が拡大したことで、分断や人種差別の解消を意識したようです。カラフルさを象徴するのがカマラ・ハリス副大統領で、彼女もアメリカ政治史を塗り替えました。

初の女性副大統領で、黒人、アジア系の副大統領としても初めてです。父親はジャマイカ出身、母親はインド出身で、両親が研究機関で知り合って結婚したことはオバマ大統領の両親と似ています。

ロースクールを卒業して地方判事となり、カリフォルニア州司法長官を経て政治家に転身し、同州から上院議員に当選。一期目の途中で副大統領候補に指名されました。論客で上院議員時代はトランプ大統領のロシア・ゲート疑惑を鋭く追及して注目を浴び、大統領選出馬を決意。民主党候補の討論会では、バイデン氏の人種差別発言を批判して追い詰めました。

リベラル派判事を自認し、トークショーで、若い頃マリファナを吸っていたことを認め、「I did inhale（肺まで吸い込んだ）」と述べたことがあります。

クリントン大統領が一九九二年の大統領選でマリファナ吸引疑惑を追及された時、"I didn't inhale."（肺まで吸い込まなかった）と苦しまぎれの答弁をしたことを念頭に置いた発言ですが、ハリス氏は反発を浴びませんでした。ブッシュ（子）、オバマ両大統領も若い頃、コカインを吸引していたことを認めており、時代は変わっています。

マリファナ発言では、クリントン大統領と執務室で不適切な関係を持ったインターンのモニカ・ルインスキーさんが特別検察官の尋問に、「I didn't inhale」と答えたという政治ネタもありました。

副大統領は本来は暇で地味なポストであり、それを示す有名なジョークがあります。

二人の米国人兄弟がいて、一人は航海に出かけ、もう一人は副大統領になった。その後二人の行方は誰も知らない。

しかし、バイデン大統領は高齢で、一期四年で退陣するとの見方が有力です。その場合、ハリス副大統領は次期大統領の最有力候補となり、史上初の女性大統領に最も近い位置に付けました。

問●バイデン氏が、民主党候補討論会で最も厳しく同氏を非難したカマラ・ハリス上院議員を副大統領候補に起用したのはなぜか？

答●党内反対派の毒舌を封印するためだ。

ハリス副大統領が、歴代大統領で最も注目する大統領は誰かと聞かれ、トルーマン、ジョンソン、フォードの三人を挙げた。

いずれも現職大統領が任期中に倒れ、副大統領から昇格した。


米連邦準備理事会（ＦＲＢ）のグリーンスパン元議長が、バイデン政権で財務長官に就任したイエレン前ＦＲＢ議長を祝福するため、バーに誘った。

グリーンスパン氏がビールを注文すると、イエレン長官がバーテンダーに言った。

「うまくついでやってね。彼はいつも、泡（バブル）を残すから」

史上最大の決戦

二〇二〇年の大統領選は、内外で空前の関心を呼びました。投票率は六六％と、百二十年ぶりの高水準。バイデン氏の総得票数は八千百二十八万票で、史上最多得票でした。トランプ氏も七千四百二十二万票で、これも共和党候補としては過去最多得票でした。

両党が選挙戦に投じた選挙資金も総額で計六十六億ドルと、前回一六年の二・八倍。青天井の選挙資金が、両陣営の中傷合戦を過熱させ、後味の悪い泥仕合となりました。コロナウイルス感染症のパンデミック下での選挙も異例で、トランプ大統領が終盤でコロナに感染するハプニングもありました。

選挙の争点は、「トランプ対バイデン」というより、トランプ政治の是非を問う構図でした。トランプ氏の敗北も、バイデン氏が勝利したというより、強烈な個性とパフォーマンスで国内の分断や格差を広げた「トランプ疲れ」が影響したようです。

AP通信が伝えた米専門家の調査では、テレビのナイトショーで登場した政治ジョークの九七％がトランプ氏を揶揄するネタで、バイデン氏は三％にすぎなかったそうです。一六年はトランプ七八％対クリントン二二％でした。この調査は、バイデン氏の地味なキャラクターを示しています。

トランプ氏は、新型コロナが蔓延するまでは経済も絶好調だっただけに、「スリーピー・ジョー」に勝てると楽観していたはずです。それだけに、新型コロナには恨み骨髄でしょう。

アメリカの大統領選挙は、五十州の獲得選挙人数を競う戦いで、バイデン三百六人、トランプ二百三十二人でした。毎回勝者がころころ代わる中西部などのスイング・ステーツは予想通り大接戦となり、ジョージア、ウィスコンシン、ネバダ、アリゾナの四州で、計四万人がトランプ氏に投票し、トランプ氏が選挙人を獲得していたら、勝敗が逆転していた際どさでした。

全体投票ではバイデン氏が七百万票以上多く獲得しており、選挙制度は共和党に有利に働いています。

トランプ氏は予想通り、集計後も複数の州の結果を認めず、訴訟戦術に出ましたが、受け入れられませんでした。米国の選挙では敗者が勝者を祝福する伝統がありますが、敗者が敗北を認めなかった点でも、歴史的な選挙となりました。

問●米大統領選は何の日か?

答●アメリカ国民がテレビで、五十州がどこにあるかを学ぶ日だ。

トランプ大統領、バイデン氏、アメリカ人少女の三人が航空機で移動中、機体がトラブルを起こして墜落し始めた。しかし、機内には、パラシュートが二つしかなかった。

トランプ大統領は「世界は私の双肩にかかっている。死ぬわけにはいかない」と述べ、パラシュートを奪って飛び降りた。

バイデン氏は少女に「あなたには未来がある。これを持って飛び降りなさい」とパラシュートを渡した。

すると少女が言った。

「パラシュートは二つあります。大統領が持っていったのは私の学校カバンです」

再選を阻まれたトランプ大統領が、選挙で不正や集計の誤りがあったと抗議した。

トランプ陣営の選対スタッフが大統領に言った。

「不正や集計の誤りがなかったなら、あなたはもっと負けています」

大統領選はネバダ州ラスベガスの集計がもつれ、最後はバイデン氏が勝った。

選挙監視人がコメントした。
「トランプはカジノで敗れた」

問●バイデン候補が勝利した原動力は男性票か、女性票か？
答●Mail voters（郵便投票）だ。

スティーブン・スピルバーグ監督の映画『リンカーン』がアカデミー賞の十二部門にノミネートされ、主演男優賞と美術賞を受賞した。
ハリウッドが共和党大統領に投票したのは初めてだ。

問●米大統領選でトランプ氏の勝利を望んだ数少ない外国首脳は誰か？
答●プーチン大統領、ネタニヤフ・イスラエル首相、金正恩・北朝鮮党総書記、退陣した安倍首相。

「ロシア与党候補」が敗北

二〇二〇年の米大統領選は世界的な注目を集めましたが、ロシアでも関心が高く、ジョーク・サイトはトランプ・ネタで盛り上がっていました。

トランプ氏は一六年の大統領選挙戦で、ＮＡＴＯを「時代遅れ」と酷評したり、ロシアのウクライナ領クリミア併合を容認するなど、ロシアに迎合する発言が目立ちました。これに対しヒラリー・クリントン候補は、クリミア併合時にプーチン大統領をヒトラー呼ばわりした反露派です。

ロシアは一六年選挙で、民主党陣営にサイバー攻撃をしたほか、ＳＮＳ上になりすましのアカウントを作って民主党を攻撃するフェイクニュースを拡散するなどして、トランプ氏の当選に一役買ったとの説があります。トランプ氏当選時には、ロシア下院でシャンパン・パーティーが行われるなどお祭り騒ぎでした。

トランプ時代の米露関係は結果的に、米議会が主導権を握って対露制裁を強化したため、ロシアの期待は裏切られましたが、トランプ氏個人は親露的な言動が目につきました。

ボルトン元大統領補佐官は回顧録で、「トランプはロシアを批判することに何度も反対し、われわれにもロシアを公然と非難しないよう求めた」と書いています。

トランプ氏の事業が破産寸前になった時、ロシアの新興財閥がトランプタワーの住居を高値で購入し、危機を救ったといわれており、借りがあるのかもしれません。

大統領候補の討論会で、クリントン候補はトランプ氏を「プーチンの puppet（操り人形）」と呼び、バイデン氏は「プーチンの puppy（子犬）」と揶揄していました。

これに対し、トランプ氏はクリントン候補を「nasty woman（嫌な女）」と反発。バイデン氏に対しては、「自分ほどロシアに厳しく対処した者はいない。経済制裁を重ね、ウクライナに対戦車ミサイルを売却した。ウクライナの一部がロシアに奪われたのは、オバマ・バイデン時代だ」と反論していました。

ロシアにとっては、トランプ政権下で米社会の分断や同盟諸国間の亀裂が広がる方が都合がいいわけで、二〇年の選挙でも、トランプ氏を支持する情報操作を行ったとみられています。

バイデン氏は「ロシアは米国の安全保障と同盟国にとって最大の脅威」と強調する反プー

チン派であり、米露関係は冷却状態が続きそうです。ロシアのアネクドートでは、米露両国の大統領選比較論が笑えます。

トランプ大統領が突然、情報機関幹部を大量に解任した。残る情報源は、プーチン大統領だけだ。


ロシアの大統領補佐官がプーチン大統領に報告した。

「大変です。昨夜、クレムリンのシステムがサイバー攻撃を受け、最高機密文書が盗まれました」

「どんな文書だ」

「十一月三日の米大統領選の開票結果です」


問●アメリカとロシアの大統領選の違いは何か?

答●アメリカでは、開票後も当選者がなかなか判明しない。

ロシアでは、告示の時点で当選者が判明している。

米大統領選の開票が長引き、結果判明が遅れた。

すると、ロシアから派遣された選挙監視委員が宣言した。

「当選したのは、ウラジーミル・プーチンだ」

米大統領選でトランプ大統領の敗北が決まると、ロシア国営テレビのキャスターが伝えた。

「プーチン大統領与党の候補が敗れるのは十九年ぶりです」

ロシア国営企業の社長が社員に訓示した。

「十一月三日は必ず投票所に行き、トランプ候補に投票すること」

米大統領選でロシアから派遣された選挙監視委員が、開票作業を見て言った。

「たまげた。彼らはマジで票を数えている」

問●ロシア人が米大統領選に異常な関心を寄せるのはなぜか？

答●ロシアでは投票しても選挙結果に影響を与えられないが、アメリカの選挙には影響を与えることができる。


問●プーチン大統領とトランプ大統領の違いは何か？

答●プーチン大統領は米大統領選での勝ち方を知っている。トランプ大統領はそれを知らない。


米大統領選後、プーチン大統領の執務室に電話がかかってきた。

「大統領、私は辞めるべきだろうか」

「まだ早い。われわれも全力でやっている」

「分かった」

「もう少し頑張ってくれ、ドナルド……」

トランプ大統領が大統領選の決着を裁判所でつけるべきだと主張した。
すると、プーチン大統領がモスクワの裁判所で決着させるよう提案した。
「判決はすぐ出るし、結果も分かっている」

型破りのトランプ劇場

アメリカ政治史でも極めて異色なトランプ政権の四年間が終了しました。異端で型破り、内外の分断を広げた波乱の四年間でした。

トランプ氏は新大統領就任式の数時間前に首都を去り、別荘のあるフロリダ州に向かいましたが、新大統領の就任式に前任者が出席しなかったのは、実に百五十二年ぶりだそうです。

二〇一七年一月の就任演説でトランプ大統領は「アメリカ・ファースト」を訴え、「権力をワシントンから取り返し、市民の手に戻す」と宣言。バイデン新大統領が十一回使った

「民主主義」という言葉は一度も使いませんでした。「議論ばかりで行動しない政治家は不要だ」と一刀両断にし、貧困や犯罪に直面するアメリカの現状を「生き地獄（carnage）」のようだと表現しました。

演説終了後、式典に出席した共和党のブッシュ（子）元大統領が隣のクリントン元大統領に、「これはひどい」と語りかけたエピソードがあります。

ブッシュ氏やパウエル元国務長官ら共和党穏健派は、トランプ氏の二度の選挙でいずれも民主党候補に投票しており、共和党の分断も深刻です。

一方でトランプ氏は、ラストベルトと呼ばれる中西部などの低所得白人層ら、岩盤といわれる支持層を味方につけて、大衆動員能力を誇りました。

トランプ政権は、地球温暖化防止を目指すパリ協定や環太平洋経済連携協定（TPP）、イラン核合意から離脱。欧州同盟諸国との亀裂を深め、不法移民の流入を防ぐ壁をメキシコ国境に建設しました。北朝鮮の独裁者、金正恩氏と三度会談し、中国と激しい貿易戦争を展開。中東問題ではイスラエル擁護が目立ちました。

経済は好調で一時は再選が有力視されたものの、二〇年のコロナ禍が鬼門でした。全米の感染者や死者数は世界最多となり、政権の危機管理能力が問われました。退任時の大統領支持率は二九％で、戦後最低水準でした。

米ジョージタウン大学のサム・ポトリッキオ教授は『ニューズウイーク』誌（二一年一月二十六日付）で、トランプ主義について、①既成エリートに対する庶民の恐怖や嫌悪感を煽る攻撃の政治、②イデオロギーや政策ではなく、感情の産物、③近視眼的かつ独りよがりで、現実を受け止めない――と総括し、「トランプ主義は今後勢いを増すかもしれない。トランプ新党が誕生すると、アメリカ第二の政党になる可能性がある」と予測しています。

二一年一月六日に起きたトランプ支持者による連邦議会議事堂襲撃事件は、内外に衝撃を与えました。選挙結果の訴訟作戦に失敗したトランプ氏が、ツイッターでワシントンに集まるよう呼びかけたことを受けて、一部が暴徒化したもので、五人が死亡しました。

この事件で下院はトランプ大統領弾劾決議を可決。上院で無罪となったものの、「ウクライナ・ゲート」の弾劾と併せ、トランプ氏は在任中二度弾劾された初の大統領になりました。

退任後のトランプ氏は、巨額の負債を抱え破産の危機にあるほか、脱税や違法ビジネスで刑事訴訟という事態になる恐れもあると伝えられています。トランプ氏の前途も多難です。

トランプ大統領の落選が決まると、反トランプのデモ隊が叫んだ。

「Election Made America Great Again !」


落選したトランプ大統領がテレビ番組に出演すると、司会者が言った。

「You're fired !（お前はクビだ）」


問●バイデンがペンシルベニア州で勝利したのはなぜか?

答●ペンシルベニアで生まれ、住民が彼のことをよく知っているからだ。

問●トランプがニューヨーク州で敗北したのはなぜか?

答●ニューヨークで生まれ、住民が彼のことをよく知っているからだ。


問●トランプ大統領が在任中に目指した国は何か?

答●Discrimi-nation（差別、分断）

ドイツを訪れたトランプ大統領が「ベルリンの壁」を見学した後、メルケル首相に言った。

「あの壁はすばらしい。ドイツの技術でメキシコ国境に壁を作ってくれないか」

「多くのアメリカ人はあなたの周囲に壁を作ることを望んでいます」


トランプ大統領の政治スローガンの変遷――。

「Make America Great Again」

「Make America Hate Again（アメリカに再び憎しみをもたらす）」

「Make America Rage Again（アメリカに再び怒りをもたらす）」


退任したトランプ氏がフロリダからバイデン大統領に電話をかけてきた。

バイデン大統領が何か話すと、トランプ氏が言った。

「Pardon me」

問●トランプ大統領が使った専用機は何か？
答●Hair Force One

退任したトランプ前大統領の別荘に女性から電話がかかってきた。

「もしもし、トランプ大統領をお願いします」

「私はもう大統領ではありません」

しばらくしてまた電話がかかってきた。

「トランプ大統領をお願いします」

「私はもう大統領ではない」

三度目に同じ電話がかかってくると、トランプ氏が切れた。

「何度言ったら分かるんだ。私はもう大統領ではない」

「それを聞くのがなんとも耳に心地よいので」

「あんたはいったい誰なんだ」

「……ヒラリー・クリントン」

pardon は、「恩赦を与える」という意味があり、「もう一度言ってくれ」と引っ掛けています。トランプ氏は退任直前、服役中だった親族や元側近らに恩赦を連発し、顰蹙《ひんしゅく》を買いました。しかし、さすがに自らの恩赦は避けていました。

トランプ氏の独特の髪型もジョークのネタになりました。アメリカでは、一九六〇年代の有名な反戦歌、「We Shall Overcome」（邦題は「勝利をわれらに」）をもじって、「We Shall Overcomb」と書いたTシャツが売られていました。「comb」とは「くしでとかす」という意味で、奇抜な髪型を皮肉っています。

トランプ氏の有名なスローガン「Make America Great Again」も、パクリの疑いがあります。レーガン元大統領もかつて、ベトナム戦争の打撃や経済苦境から立ち直るため、「Let's Make America Great Again」と言っていました。

トランプ氏は再選に向けて、「Keep America Great」という新しいスローガンを使っていましたが、再選はなりませんでした。

トランプ氏のジョークのセンスもなかなかのものです。二〇一九年に大阪で行われた米露首脳会談の冒頭、プーチン大統領に「アメリカの大統領選に介入しないでくれ」と発言していました。

記者団からロシアによる選挙介入問題を討議するのかと聞かれ、咄嗟に出た言葉ですが、トランプ陣営とロシアの共謀疑惑が米政界を揺るがしたことからすればブラックジョークでした。

等身大の大統領

国家元首で最高司令官、世界最強の権力者といわれるアメリカ大統領は強持《こわも》てする存在で、戦後、政治ジョークのネタになることは少なかったようです。

そうした風潮が変わったのは、クリントン大統領の不倫もみ消し問題が契機だったと思われます。

一九九〇年代後半のアメリカは、ニューエコノミーが繁栄して社会も安定し、国際政治では一強体制でした、問題の少ないクリントン政権二期目を揺るがしたのが、議会による大統領弾劾に発展したクリントン氏の下半身スキャンダルでした。九〇年代後半に記者としてワシントンに駐在していた筆者がカバーした最大のニュースも、この不倫騒動でした。

世界最強の権力者が、娘と同世代で、ホワイトハウスのインターン（実習生）、モニカ・ルインスキーさんと執務室で不倫をしていた疑惑が発覚すると、夜のトークショーは空前の視聴率を記録。インターネットのゴシップサイトが過去の不倫も暴いて大活躍し、パソコンの普及を促しました。

恐妻家なのに不倫を重ねる大統領、内心はともかく、耐える妻を演じたヒラリー夫人、大統領を追い詰める保守派の独立検察官ら、役者も揃っていました。退任後のクリントン氏が存在感がないのに対し、ヒラリー夫人が上院議員、国務長官、大統領候補として大活躍したのも、不倫事件が分水嶺になった可能性があります。

この間、大量の政治ジョークが作られ、アメリカは一躍、ロシアと並ぶジョーク超大国となりました。

米国式ジョークの隆盛は、後任のブッシュ（子）大統領に引き継がれ、英語文法の間違いや軽さ、イラク戦争の混乱、ネオコンの誕生がネタになり、痛烈に皮肉られました。

オバマ時代も同様で、強持てしていた米大統領の人物像が国民の目線に引き下げられました。

トランプ時代は、慌ただしい現実がジョークの世界よりも先行し、傑作なネタはむしろ少なかったようです。

バイデン大統領が今後、どのように料理されていくかも、政権の行方を左右するかもしれません。

百歳の女性が九十歳を超えて初めて大統領選に投票したことが話題になった。彼女はその投票行動を説明した。

二〇一二年「ＪＦＫの靴磨きのような黒人に投票したわ」

二〇一六年「悪党役のプロレスラーのような白人に投票したわ」

二〇二〇年「棺桶に片足を突っ込んだような白人に投票したわ」

問●オバマ大統領より先に、「Yes, We Can!」を言った大統領は誰か？

答●クリントン大統領だ。ホワイトハウスのインターンに言った。

二〇〇四年に死去したレーガン大統領が、棺の中から参列した歴代大統領夫妻を見ながら、得意のジョークを飛ばした。

「クリントン夫妻が一緒に眠るのを見るのは初めてだ」

クリントン大統領の一人娘チェルシーさんに娘が生まれた時、クリントン大統領がつぶやいた。

「おじいさんになるのは怖くない。おばあさんと寝るのが怖い」

ブッシュ大統領の業績を記念する「ジョージ・W・ブッシュ大統領図書館」が三億ドルをかけて、テキサス州ダラスに完成した。

周辺住民が言った。

「本一冊読んだことのない男が、なんで巨大な図書館を建てるのだ」

米中央情報局（ＣＩＡ）がホワイトハウスに対し、国際テロ組織のアルカイダがアメリカ経済を破壊する新たな工作に着手したとの情報を伝えた。

ホワイトハウスが答えた。

「心配ない。ブッシュ大統領が二〇〇八年にすでに破壊済みだ」


初代のワシントン大統領は、嘘をつくことができなかった。

ニクソン大統領は、真実を語ることができなかった。

トランプ大統領は、嘘と真実を区別することができなかった。

トランプ大統領がホワイトハウスの寝室で眠っていると、あの世のリンカーン大統領とケネディ大統領が現れた。
リンカーン「分断、格差、横暴と君の悪政は目に余る。今すぐ劇場に行きたまえ」
ケネディ「その通りだ。ダラスをパレードしてもいい」

第 3 章

EUの栄光と挫折

2019年10月、EU首脳会議でのメルケル独、ジョンソン英、マクロン仏三首脳（左から）
©AFP＝時事

「007」の苦悩

イギリス人は、走る前に考える。

フランス人は、走りながら考える。

イタリア人は、走った後で考える。


これは、西欧の主要三国の国民性を示す有名なジョークですが、近年は何事にも周到なはずのイギリス人が、走った後で考えるようです。

イギリスでは、欧州連合（EU）からの離脱を問う国民投票が二〇一六年に実施され、賛成五一・九%、反対四八・一%の僅差で可決。EUからイギリス（Britain）が離脱（Exit）する「Brexit《ブレグジット》」のプロセスが始まりました。

通商問題などEUとの難交渉を経て、イギリスは二〇年一月三十一日に正式にEUから離脱。その後二〇年末までに新しい自由貿易協定がまとまり、「穏やかな Brexit」が実現しました。一時は反EUのボリス・ジョンソン英首相が「合意なき離脱」を図ろうとして混乱しましたが、最悪の事態は回避されました。

冷戦終結後の一九九三年に発足し、独特の政治・経済共同体を進めたEUは、イギリスの離脱で一つの転機を迎えました。EU加盟国は二十七カ国となり、拡大のプロセスに歯止めがかかり、EUの人口も五億人を割りました。

Brexit により、イギリスの自立や自主独立が回復され、ジョンソン首相は「法律と運命の主導権を取り戻した」と自賛しました。しかし、金融・製造業部門をはじめイギリスが失う利益も少なくありません。

Brexit の衝撃は、長期的に欧州全体に打撃を与えそうです。二〇二一年から大陸欧州とイギリスの間に関税が発生することになり、貿易取引に大きな支障をきたします。進出している日本企業を含め、製造業などにとって、イギリスとEU間で輸出入関税がかかると、生産拠点としての有利性が失われます。

EU内では人、モノ、サービス、カネの自由な移動が可能でしたが、イギリス人はその利点を得られなくなります。

国民投票でEU離脱に票を投じた人の多くは、Brexit の意味をよく理解しておらず、のちに後悔するなど、再投票の動きもありました。

イギリスでは、首都ロンドンやスコットランドにEU残留派が多く、スコットランドでは独立して独自にEUに加盟しようという運動も起きています。イギリスの抜けた空間に、加盟候補国のトルコがイスラム教国として初めて加盟するかどうかも注目点です。

結局、英、EU双方にとって、Brexitは「痛み分け」となりそうで、ジョークの世界も醒めた見方が大勢です。

イギリスのEU離脱で、通貨ポンドが暴落した。
一ポンドが一ポンド（四百五十グラム）で一ドルに匹敵する。

問●イギリスが離脱することで、EUにはどれだけの容量が空くことになるか?
答●一GB（ギガバイト、Great Britain）だ。

英スパイ映画『007』の上映時間がいつもより十分長くなった。

製作スタッフが説明した。

「イギリスのEU離脱で、ジェームズ・ボンドも入国時にパスポート・コントロールに並ぶことになったので……」

イングランド人、スコットランド人、ウェールズ人、北アイルランド人が一緒にバーに入った。

しかし、イングランド人が「帰る」と言いだしたので、他の三人も帰るはめになった。


問●ポンド（重量、体重）を落とすにはどうすればいいか？

答●EUから離脱することだ。


英国民投票でEU離脱が決まった時のパブでの会話――。

「イングランドが一戦で勝敗を決めるのは珍しい」

「いつもはPK戦で負けるのだが……」

問●国民投票後にイギリスで再投票の運動が高まったのはなぜか?
答●トランプ大統領がEU離脱を「正しい決定」と称賛したからだ。

問●インドがイギリスのEU離脱に驚いたのはなぜか?
答●イギリスが国民投票の結果次第で出ていくことを、植民地時代に知らなかったからだ。

イギリスの離脱後、EUは感謝祭のディナーにトルコ代表を招いた。しかし、EUは結局、Turkey(七面鳥、トルコ)を食べなかった。

EU諸国の空港の出入国審査カウンターは、「EUパスポート保持者」と「その他のパスポート保持者」に分かれていますが、英国籍のジェームズ・ボンドは今後、「その他」の行列に並ぶことになり、活動が滞るかもしれません。

スコットランドと北アイルランドはEU残留を望んでおり、英国内で内部分裂が起こりそうです。将来、スコットランド独立を経て、連合王国（UK）の解体につながる可能性も出てきます。

See EU later

Brexit とは、Britain と exit を掛け合わせた造語で、最初は二〇一一年ごろ、債務危機に陥ったギリシャがユーロ圏を離脱する可能性が生じた時、Grexit（Greek, exit）という用語が使われました。

ＥＵのメディアでは、Brexit に続く国はどこかという記事が頻繁に掲載されます。トランプ大統領流の自国ファーストを掲げる大衆迎合型指導者が一部の諸国に登場しているためです。仮にＥＵの中核であるフランスが離脱する Frexit が起これば、ＥＵは事実上解体することになります。

ただし、「フランスのトランプ」といわれた極右政党・国民連合のルペン党首は、イギリスの混乱を見て、ＥＵ離脱を公約から外したようです。

問●Brexit に続く国はどこか?

答●Frexit, Nexit, Swexit, Grexit, Italeave, Hungexit, Dumpmark, Noland, Deutschleave, Irexit, Spexit, Outstria, Czechout, Byegium, Finnish……

問●イギリスがＥＵ離脱に賛成投票したことを反省する表現は何か?

答●Bregret（Brexit ＋ regret ＝ 後悔）

問●イギリス人はなぜ紅茶が好きなのか?

答●tea leaves だから。

問●イギリスがＥＵ離脱時に発した言葉は何か?

答●See EU later

問●イギリスがＥＵに復帰するなら、どう表現するか？

答●EU turn

ＥＵ残留派のスコットランドとロンドン首都圏がイギリスから独立し、新国家を建設した。新しい国名はこう呼ばれる。

「ScotLandon」

問●ＥＵ加盟国で現金を受け入れず、小切手で取引する国はどこか？

答●Cheque Republic

トランプ米大統領がイギリスのＥＵ離脱を称賛して言った。

「Make America Great Britain !」

ラグビーのイギリス人解説者が日本のナショナルチームの活躍についてコメントした。

「スコットランドを破った日本チームは、イングランドともいい勝負をしそうだ。Whales（捕鯨）でも著しい記録を残している」

以上はいずれも英語の駄洒落で、あまり笑えないかもしれません。最初のは exit, leave, out など離脱を示すワードと国名の掛け言葉で、「残留するのは Remainia（ルーマニア）だけ」というオチが付いています。

tea leaves は茶葉という意味で、leave（離脱）との掛け合わせです。

Cheque Republic は、英語の Czech Republic（チェコ共和国）の駄洒落です。連合王国（UK＝United Kingdom）はイングランド、スコットランド、北アイルランド、それに南西部のウェールズで構成され、それぞれサッカーやラグビーのナショナル・チームを持っています。イギリス人は日本の捕鯨に批判的で、捕鯨（Whales）とウェールズ（Wales）を引っ掛けています。

イギリス人がEU離脱に賛成したのは、移民流入による雇用や治安の悪化が主な要因ですが、それ以外にも、EUの官僚体質や細かな規制、負担金拡大への反発がありました。

ブリュッセルにあるEU本部は、「迷宮」「伏魔殿」と呼ばれる巨大な官僚機構です。三万人以上のEU官僚が勤務し、加盟国にとっては二重政府となります。イギリスは離脱により、毎年日本円で一兆円以上の負担金が免除されました。

問●欧州委員会では、何人のスタッフが働いているか?
答●五分の一程度だ。

問●旧ソ連とEUの違いは何か?
答●ソ連は悲劇だったが、ジョークがあった。
　EUは喜劇なのに、ジョークがない。

農民が二頭の乳牛を飼育していた。
資本主義では、農民が二頭を所有し、ミルクを市場で売る。
共産主義では、国家が二頭を所有し、国民にミルクを与える。

EUでは、農民が二頭を所有するが、ミルクは労働力の安い加盟国から輸入するため市場で売れず、EUから補助金を受けてEU指定の卸売業者に売り、卸売業者はEU規定の補助金を受けながら、EUの指定価格で市場に卸し、……

ギリシャの昼寝

イギリスの離脱に先立って、EUを震撼させたのが、ギリシャの金融危機でした。

欧州では、「コーヒー一杯に四時間かけるのはギリシャ人だけ」といわれます。観光や農業以外に主たる産業がなく、勤労意欲に乏しいとされるギリシャをユーロ圏に取り込むことは当初から反発がありました。

ギリシャは公務員が労働者人口の四分の一を占め、年金受給開始年齢も五十五歳と早く、手厚い社会制度を導入する「大きな政府」でした。二〇〇四年のアテネ五輪開催による大型投資で財政赤字が一気に膨張し、〇八年のリーマン・ショックが誘因となり、遂に一一年に債務返済不履行に陥り、ユーロ圏の債務危機に発展しました。

結局、機関車役のドイツが救済に回り、ギリシャはユーロ圏に残る代わりに厳しい緊縮財政を強いられました。ギリシャ危機はイタリアやスペインなど南欧諸国にも波及し、EU加盟国の民族性を示す傑作なエスニック・ジョークが誕生しました。

ギリシャ危機をめぐるユーロ圏の基本構図は変わっていないだけに、新たな国際金融危機が再燃すれば、第二のギリシャ危機に見舞われかねません。

ギリシャの債務危機を討議するEUの会議が開かれた。しかし昼食後、ギリシャ代表団が姿を見せなかった。

「ギリシャはどうした」

「全員、ワインを飲んで昼寝をしています」

ユーロ危機を討議するEU首脳会議の終了後、サルコジ仏大統領が各国首脳をバーに誘った。

しかし、三人の首脳が辞退した。

メルケル独首相「そんな気になれないわ」

ベルルスコーニ伊首相「高級ナイトクラブに行くので」
パパンドレウ・ギリシャ首相「帰りのタクシー代がない」

ギリシャの役所で――。

「局長はいるかね」

「昼から出勤です」

「午前中は働かないのか」

「いいえ、午前中は自宅で休み、働かないのは午後です」


ギリシャの金融危機で、テレビキャスターが伝えた。

「グッドニュースは、銀行強盗が五〇%減少しました。

バッドニュースは、銀行による預金強盗が一〇〇%増加しました」


問●ユーロの安定には何が必要か?

答●ギリシャの緊縮、ドイツの浪費、フランスの謙虚さ、イタリアの成熟。

ギリシャの金融破綻の善後策をEU首脳が協議した。
フランス「美術品はわが国が保管する」
イタリア「美人はわが国が保護する」
イギリス「コックはわが国に連れていく」
ドイツ「ユーロ紙幣はわが国が回収する」

ドイツ人、オランダ人、ギリシャ人、イタリア人がレストランで食事をした。
食事が終わりに近づいた時――。
ドイツ人は、全員の食事代がいくらになるか考えた。
オランダ人は、割り勘でいくらになるか考えた。
ギリシャ人は、ご馳走になったお礼を考えた。
イタリア人は、ドイツ人にどう支払わせるか考えた。

ギリシャ人、スペイン人、イタリア人がバーでしこたま飲んだ。

閉店時、三人がバーテンダーに言った。

「勘定はドイツ人に回してくれ」

ギリシャの債務危機を回避するため、米政府もギリシャへの金融支援に乗りだした。ギリシャの首相がオバマ大統領に電話し、謝意を伝えると、オバマ大統領が答えた。

「礼なら、中国に言ってくれ。彼らのカネだから」


「完璧な欧州とは」という有名なジョークがあります。

「イギリス人のように料理上手、フランス人のように謙虚、ドイツ人のようにユーモアに満ち、イタリア人のようにきちょうめん、オランダ人のように気前よく、ギリシャ人のように組織立って……」という内容です。

さらに、「地味なスペイン人、技術に強いポルトガル人、融通が利くスウェーデン人、おしゃべりなフィンランド人……」と続きますが、国民性の違いや根深い歴史的遺恨を乗り越えてEUに結集したこと自体は、歴史的意義がありそうです。

「食事が終わりに近づいた時――」のジョークのオチは、ドイツとイタリアの不仲を示しています。

第二次世界大戦後、敗戦国のドイツ人が同じ敗戦国の日本人に向かって「次はイタリア抜きでやろう」、イタリア人が日本人に向かって「次はドイツの口車に乗らないようにしよう」と語りかける伝説のブラックジョークがありました。

誰かが意図的に流した創作だと思っていましたが、二十年以上前、筆者がドイツ南部のミュンヘンでビール祭り「オクトーバー・フェスト」をのぞいた時のこと。酔った高齢のドイツ人グループが「日本人か」と片言の英語で近づいてきて、「次はイタリア抜きで……」と言った時は「本当だったんだ」と妙な感動を覚えました。

このネタにはアジア版もあり、日本人が「全員の食事代がいくらになるか考えた」という役回りでした。

しかし、二十一世紀の日本経済の凋落、中国経済の躍進を見ると、中国が「全員の食事代」を考えるべきでしょう。少子高齢化と低成長の日本は今後、「割り勘」の役回りがいいかもしれません。

その場合でも、「韓国人は日本人にどう支払わせるか考えた」という構図は永遠に不滅のようです。

ドイツのDデー

欧州を統括し、「EU大統領」のような存在感を持つのが、「世界最強の女帝」と称されるアンゲラ・メルケル・ドイツ首相です。

旧東独の牧師の家庭に生まれ、物理学者として東ベルリンの研究所に勤務し、地味な存在でしたが、ベルリンの壁崩壊後、市民政党の報道官を務めていた時、ドイツ統一の父、コール首相の目に留まって政界入りし、二〇〇五年に首相に就任。十六年にわたって首相を務めました。

「コールの娘」といわれながら、与党の不正献金疑惑では、コール氏に政界引退の引導を渡す「父親殺し」のドライさも発揮しました。

「自由と民主主義の盟主」を自認し、トランプ大統領やプーチン大統領に平気で苦言を呈していました。当初は経済重視から親中派でしたが、中国の不正ビジネスや人権侵害を批判し、「反中親日」に転じました。

米経済誌『フォーブス』恒例の「世界で最も影響力のある人物」では二位か三位を占め、「世界で最もパワフルな女性」ではこの十年、不動の首位です。そのメルケル首相も二一年秋に退陣し、自由世界は「メルケル・ロス」に苦しみそうです。

メルケル首相は二〇年三月に議会で、「新型コロナウイルスによりドイツは第二次世界大戦以降最大の危機に直面している」とし、コロナに真剣に対処するよう求める演説を行い、民間団体から「スピーチ・オブ・ザ・イヤー」に選ばれました。

とはいえ、演説では「第二次世界大戦」には触れない方がよかったかもしれません。戦後七十五年を経ても、「歴史的遺恨」は今なおドイツを槍玉に挙げるジョークのネタになっています。

メルケル首相が私用でポーランドを訪れた。ワルシャワ空港のパスポート・コントロールで係官が尋ねた。

「国籍は?」

「ドイツ」

「Occupation?(職業、占領)」

「今回は観光」


アメリカ人の英語教師がドイツの英語スクールで英語を教え始めた。

彼は初日にAで始まる単語を教えた。

二日目にBで始まる単語を教えた。

三日目にCで始まる単語を教えた。

四日目の朝、彼は緊張して言った。

「今日はいよいよDデーだ」

二〇一一年、北大西洋条約機構（NATO）を中心とする多国籍軍がリビアへの軍事攻撃を決めた。

しかし、ドイツ政府はリビア攻撃には参加しないと発表した。

その後、ドイツ軍参謀本部から米国防総省に極秘メッセージが届いた。

「フランス、オランダ、ポーランドに侵攻するのなら参加する」


問●ドイツはなぜ、リビアやシリア、アフガニスタンの軍事行動に参加しないのか？

答●ドイツは自ら仕掛けた戦争にしか参加しない。


英仏独の富裕層高齢者の生活――。

イギリスのリッチな高齢者は朝、紅茶を飲んでゴルフ場に行く。

フランスのリッチな高齢者は朝、ワインを飲んで美術館に行く。

ドイツのリッチな高齢者は朝、降圧剤を飲んでオフィスに行く。

フランス軍に栄光あれ

フランスのマクロン大統領はトランプ大統領が大嫌いだったようで、ケミストリーが合いませんでした。

マクロン大統領もメルケル首相同様、自由や人権、民主主義の擁護に回り、理念を語らない米大統領に違和感を強めました。トランプ大統領が「NATOは時代遅れ」と酷評するなど同盟関係を軽視すると、「NATOは脳死状態」と言ったり、「欧州軍の創設」に言及したこともありました。

カナダのトルドー首相もトランプ大統領が大嫌いでした。二〇一九年十二月、ロンドンで開かれたNATO首脳会議の立食歓迎会で、マクロン、トルドー、ジョンソン三首脳が、メディア露出を優先したトランプ大統領が会議に遅刻したことを皮肉るシーンがありました。

公表された動画は雑音が多く、詳細なやりとりは不明ながら、三人はトランプ大統領を「いつもメディアの前で目立とうとする」「彼の側近らは茫然と口を開けていた」と茶化していました。

二〇一八年にパリで開かれた第一次世界大戦終結百周年記念式典でのこと。トランプ大統領はマクロン氏の国家主義批判や欧州軍計画、フランスが課しているアメリカ産ワインへの輸入関税をめぐってツイッターで口撃し、フランスが第二次大戦でドイツに占領されたことを指摘しました。「フランスが助かったのはアメリカのおかげだ」と強調し、「Make France Great Again!」とうそぶきました。

フランス政府は「トランプ氏の非難は常識的な品性を欠いている」と反論しましたが、フランスが戦争に弱いことはフレンチ・ジョークの定番です。痛いところを突かれたという思いがあったかもしれません。伝説のフレンチ・ジョークは、ナポレオンの戦争以来、フランスが戦争に勝った試しがないことを皮肉る作品が多いようです。

二〇一一年、多国籍軍の対リビア軍事介入で、フランス軍が真っ先に軍事行動を開始した。リビアの最高指導者、カダフィ大佐がコメントした。
「心配ない。フランス軍はいつも最初に降伏する」
オバマ大統領もコメントした。

「フランス軍がリビア政府軍に降伏の仕方を教えるよう望む」

マクロン氏が大統領選の勝利演説で、「私はフランスを再生させる」と強調した。

これを聞いた高齢の有権者が言った。

「ミッテラン、シラク、サルコジ、オランドも同じことを言って、できなかった」

問●二〇一八年のサッカーW杯ロシア大会でフランスが優勝した時、フランス全土が歓喜に包まれたのはなぜか？

答●フランスが米英の支援なしに戦いに勝ったからだ。

二〇一八年、マクロン大統領が〇一年に廃止された徴兵制を復活させる考えを示した。

フランスの若者が話し合った。

「入隊したら、まず白旗の掲げ方を学ぼう」

「『降伏』の言い方を十カ国語で覚えなければ」

「捕虜の心得も知っておきたい」

イギリスのＥＵ離脱で、英仏トンネルに税関が設置されることになった。

イギリス軍の高官がこれを歓迎した。

「次にドイツ軍がフランスに侵攻しても、フランス軍の逃亡を阻止できる」

白人警官による黒人男性暴行死事件への抗議デモが全米に広がり、暴徒化するなか、トランプ大統領は軍を出動させると警告した。

これを聞いたフランス軍高官が言った。

「われわれなら、出動してもすぐ降伏するが……」

イタリアという国をつくろう

新型コロナウイルスは欧州に大きな被害をもたらしましたが、最も凄惨だったのがイタリアです。感染者・死者数は英仏と並んで多く、人口比では欧州最悪でした。

二〇二〇年二月、イタリアで最初に感染が判明したのは、北部の小さな町に住む三十代の男性で、院内感染を通じて瞬く間に広がりました。そこからミラノなど大都市に波及し、ロシアを含む欧州各地に広がったといわれています。

イタリアの病院は廊下の床まで重症患者があふれ、ローマなど世界遺産の観光地はゴーストタウンと化しました。

イタリアは日本に次いで高齢化率が高く、六十五歳以上が二三％（日本は二八％）。高齢者が元気な日本と違って、イタリアの高齢者は基礎疾患が多いことも重症化につながったようです。

背景には医療体制の脆弱さがあり、医師や看護師の数が少ないうえに、欠勤や休診が多いことで悪名高いようです。高齢者が多く、医師は少ない一部の寒村は、消滅の危機に直面していると伝えられます。

コロナ禍を招いたイタリアの国情を知るには、国民性や民族性を比較するエスニック・ジョークが参考になるかもしれません。有名なネタは――。

各国の観光客が乗った客船が沈没しかかった。船長が乗客を海に飛び込ませようとする時、どう呼びかけるか。

アメリカ人には「飛び込めばヒーローになれます」

イギリス人には「紳士は飛び込むものです」

ドイツ人には「規則ですので飛び込んでください」

中国人には「おいしい食材が泳いでいます」

ロシア人には「ウオツカの瓶が流れています」

日本人には「他の乗客は皆飛び込みました」

最後に、イタリア人には、「美女が海で泳いでいます」「飛び込むのは規則違反です」などと言うのがオチに使われることが多いようです。規則を守らず、本能で行動し、損を見る不運な役回りです。

問●欧州の天国とは？
答●コックはフランス人
警官はイギリス人
技師はドイツ人
銀行家はスイス人
恋人はイタリア人

問●欧州の地獄とは？
答●コックはイギリス人
警官はギリシャ人
技師はフランス人
恋人はスイス人
銀行家はイタリア人

イタリア料理店のシェフがコロナに感染して死亡した。

「He pasta way」

神が天地創造した時のこと――。
神「イタリアという国をつくろう。世界一美しい風景、世界一うまい食事、世界一温暖な気候を与えよう」
側近「神様、それではイタリアが恵まれすぎています」
神「安心しろ。そこにイタリア人を住まわせる」

コロナ禍の経済危機対策を討議するイタリアの閣議で閣僚が提案した。

「ドイツに宣戦布告しましょう。負ければ、ドイツが面倒をみてくれます」

首相が反論した。

「もしイタリアが勝ったらどうなる」

倒産の危機に陥ったイタリアの工場で、経営者が労働者に通告した。

「今年の給与は五〇%アップする」

「昨年比ですか」

「来年比だ」

イギリスのグルメ本

欧州のもう一つのエスニック・ジョークの定番ネタは、イギリスのまずい料理です。イギリス人でさえ、そのまずさを自虐的に口にするほどで、年季が入っています。種類が少なく、食材や調理法も貧弱なようです。エリザベス女王の夫で、ギリシャ生まれの故フィリップ殿下が「イギリスの女性は料理が下手だ」と公然と酷評したこともありました。

イギリスの社会学者、スティーブン・メネル氏は、「目の前に二つの皿が並んでいたら、自己否定の原則に沿って嫌いな方を食べなければならない」と考えるピューリタン的な禁欲主義が、食文化の発展を阻んだという見方を示しています。

料理のまずさはイギリスだけでなく、アメリカやオーストラリア、カナダの英語圏など、アングロサクソンに共通する現象のようです。安全保障はともかく、文化的な過度の接近は避けた方がいいかもしれません。

問●フランス軍とイギリス軍の違いは何か？
答●フランス軍は、戦争はできないが、料理ができる。
イギリス軍は、戦争はできるが、料理ができない。

二〇一二年のロンドン五輪はイスラム教のラマダン（断食月）と重なった。イスラム諸国の選手団は五輪期間中、断食はしないと宣言した。しかし、イギリスの料理を試食した後、前言を翻した。
「やはり断食します」

世界一薄い本は――。

アメリカの美術史。
中国の人権史。
フランスの戦勝記。
イギリスのグルメ本。

欧州の食通は――。
イタリアでは、イタリア料理を食べる。
フランスでは、フランス料理を食べる。
イギリスでは、インド料理を食べる。

世界の三大失敗料理とは――。
三位は、わさびを入れ忘れた日本の寿司。
二位は、スパイスを入れ忘れたインド料理。
一位は、イギリス料理。

神が天地創造した時のこと――。
神「イギリスという国をつくろう。惨めで湿った貧相な島に、粗食で我慢し、それでいて自分たちの国が最高だと錯覚する人々を住まわせよう」
側近「神様、それではイギリスが気の毒です」
神「気の毒なのはイギリスに進出される国だ」

クリミアとアラスカ

二〇一四年のウクライナ危機は、ロシアの本格介入につながり、欧米諸国が対露制裁を発動するなど、国際関係を緊張させ、新冷戦を招きました。

親露派のヤヌコビッチ政権が親欧米のデモ隊の圧力で崩壊すると、プーチン大統領は素早く行動し、「ロシア固有の領土」とみなすクリミア半島を併合。ウクライナ東部の親露派住民をたきつけて、独立を宣言させました。

この作戦は、軍事力だけでなく、情報戦、経済圧力、宣伝戦、親露派住民の活用などハードパワーとソフトパワーを結合させた「ハイブリッド戦」といわれ、欧米でロシアの脅威を高めました。

ロシアとウクライナはもともと同じスラブ系の民族で、「ウクライナは家族の一員であり、兄弟」（プーチン大統領）とされてきました。ところが、二十一世紀に入って、ウクライナではEUに接近したい親欧米派市民が増え、ロシア離れが進行。プーチン政権はエネルギー資源に乏しいウクライナへの天然ガス供給を一時停止するなど、圧力をかけてきました。

一四年のクリミア併合後は、ウクライナで反露感情が高まり、すっかり絶縁状態です。ロシア国内では、クリミアを奪還したことで民族愛国主義が高揚し、プーチン大統領の支持率は一時九割に達するなど、国全体がユーフォリア（陶酔）状態となりました。

ただ、アネクドートの伝統があるロシアやウクライナでは、両国の激しい政治対立とは裏腹に、現実を小話で諦観する風刺精神が健在です。

三十年前のソ連崩壊時、十五の新興独立国のなかでは、広大な穀倉地帯や東部の工業地帯、教育水準の高さなどを誇るウクライナの将来性が最も有望といわれました。しかし、汚職や腐敗、政治対立や改革の遅れから経済が低迷し、若者は海外に脱出するなど苦境が続いています。


ウクライナの犬がロシアに亡命した。

犬は仲間に亡命の理由を説明した。

「ウクライナは経済がひどくて、ろくなエサがなかった」

一週間後、犬はウクライナに戻ってきた。

「ロシアでは、自由に吠えられなかった」


問●ウクライナ問題とパレスチナ問題の共通点は何か?

答●ガザ(ロシア語でガス)だ。

ロシアとウクライナはよく似ており、ミネラルウォーターのようなものだ。

違いは、ガス（炭酸）入りか、ガス抜きかだ。

ウクライナ人「ロシアの弟呼ばわりされるのは、もううんざりだ」

ロシア人「それなら、妹でどうか」

ウクライナのテレビが翌日の天気予報を伝えた。

「明日は全国的に快晴で、日なたでは三十度を超すでしょう。日陰では、百万ドルの受け渡しが行われます」

ウクライナが遂に、ＥＵとの連携協定に調印した。

今後、ウクライナ企業の操業はＥＵ方式で始まる。

しかし、操業はロシア方式で終了する。

ロシア大統領報道官が、プーチン大統領とリュドミラ夫人の離婚が成立したと発表した。

報道官は、リュドミラ夫人には住宅と車が与えられると説明した。

プーチン大統領には、クリミアとウクライナ東部が与えられる。

米露首脳の電話会談で、オバマ大統領はプーチン大統領に対し、「ウクライナに干渉するなら、ロシアに新規融資を行わない」と通告した。

これを聞いた中国の習近平国家主席がコメントした。

「アメリカはいつも、われわれが貸したカネを融資に回す」

ドイツのメルケル首相がプーチン大統領と電話会談を行った。
メルケル首相「ロシア軍がクリミアで軍事パレードを行ったことは遺憾だ」
プーチン大統領「では、ベルリンでまた軍事パレードをしようか」

問●プーチン大統領が、二〇一九年のウクライナ大統領選で当選したコメディアン出身のゼレンスキー大統領を祝福しなかったのはなぜか？

答●プーチンはジョークがすぐに理解できなかった。

プーチン大統領の愛人説が噂される新体操のアリーナ・カバエワさんが、ロシアによるクリミア併合後、友人にこぼした。

「私は三月八日の婦人デーのプレゼントにクリーム（クレム）を頼んだだけなのに、彼はクリミアと勘違いしたようだわ。これではもう、乳母車（カリャスカ）は頼めない」

米露首脳の電話協議で、プーチン大統領がオバマ大統領に言った。

「ロシアは今後、アラスカを別の名称で呼ぶことにする」

「何と呼ぶのだ」

「ICE Крым（アイス・クルイム）」

ロシア語でクリミアは「Крым（クルイム）」で、最後の二つは、クリミアとクリーム「крем（クレム）」、アラスカ「Аляска（アリャスカ）」と乳母車「каляска（カリャスカ）」を引っ掛けています。

実はクリミア併合後、ロシアのアネクドート・サイトでは、ロシアがクリミアに続いて、かつてロシア領だった米アラスカ州の奪還に乗りだすといった物騒なネタが飛び交いました。

クリミアとアラスカは微妙にリンクしており、帝政ロシアは十九世紀半ば、英仏両国とクリミア戦争を戦い、敗れたものの、クリミアは死守しました。しかし、戦費の急増で財政赤字に陥ったロシア政府は一八六七年、アラスカを七百二十万ドルでアメリカに売却してしまいました。

アラスカがロシア領のままだったら、そこに核ミサイルを配備でき、米ソ冷戦の帰趨も変わっていたかもしれません。アラスカ売却は「世紀の愚行」として教科書にも載り、ロシア人の領土をめぐるトラウマになっています。ロシアが北方領土を経済協力と引き換えに渡さない心理的束縛になっているかもしれません。

「アイスクリーム」のジョークは、二〇一四年のプーチン大統領恒例の国民対話でも取り上げられました。女性の年金生活者が「有名なジョークがある」とこれを紹介し、「アラスカをロシアに編入するシナリオはないのか」と質問しました。

大統領は「そのジョークは私も知っている」と述べたうえで、「なぜアラスカが必要なのか。アラスカは十九世紀にアメリカに売却され、同時期にフランスもルイジアナをアメリカに売却した。七百二十万ドルは安い価格だが、ロシアの七〇％は北方に位置する。アラスカは南にあるわけではなく大層寒い。この件はもう取り上げないようにしよう」とやんわり戒めていました。

アラスカ併合の可能性に言及するだけで、アメリカが猛反発することはプーチン大統領も十分心得ており、封印を求めたようです。

逆に言えば、宗主国意識を持ち、格下のウクライナなら領土を奪っても構わないという歪んだ発想が垣間見えます。

第　4　章

独裁者プーチンの黄昏

2016年12月の訪日前、日本人記者との会見で
秋田犬の「ゆめ」を披露したプーチン・ロシア
大統領（クレムリンHPより）

「プーチン王朝」永遠に

現在のロシアはいわば、ウラジーミル・プーチン氏が一代で築いたオーナー・カンパニーと言えます。

「ロシア株式会社」はプーチン氏が株式の大半を保有し、代表取締役社長兼CEO（最高経営責任者）として二十年以上君臨。終身トップの座を着々と固めています。

プーチン社長が立ち上げた会社は、最初の十年は売り上げが急増して社は繁栄し、社員の生活も向上し、経営者を評価しました。しかし、その後は次第に業績が悪化。強引で違法なビジネスも目立つようになり、同業他社の評判が芳しくありません。

社長取り巻きの一握りの役員や幹部の待遇は驚くほど恵まれているのに、一般社員は賃下げを強いられ、不満が広がっています。組合の要求も高まってきましたが、経営陣は力で組合活動を抑え込んでいる——といった図式です。

そのプーチン氏は、ロシアの激動の時代を巧みに渡り歩き、立身出世でトップに上り詰めました。特異な才能や知性を持つユニークな人物です。

サンクトペテルブルクの貧しい労働者の家庭に生まれ、旧ソ連国家保安委員会（ＫＧＢ）の冴えないスパイだったプーチン氏は、勤務先の旧東独とソ連という二つの国家の崩壊を目撃しました。

ソ連崩壊後、ペテルブルク市副市長を皮切りに政治の世界に入り、強運に恵まれました。一九九六年からクレムリンに勤務し、「忠誠心」を発揮してボスに認められ、四年でトップの座を射止めました。大統領就任後は、「強いロシア」を掲げて富国強兵や社会の安定に努め、原油価格の高騰にも恵まれてロシアに史上初めて消費社会をもたらしました。

二期八年で辞めた後は腹心のメドベージェフ氏を大統領に擁立し、自らはナンバー2の首相となり、「双頭政権」を演出しました。

二〇一二年に大統領に再登板した後は、民族愛国主義や第二次世界大戦の戦勝神話を前面に掲げて反米外交を展開し、ウクライナ領クリミアを併合したり、シリア内戦に参入するなど、対外膨張路線を推進。欧米から経済制裁を受け、国際的な孤立が深まりました。原油価格の下落とともに経済も低成長となり、社会に長期政権特有の閉塞感、停滞感が漂ってきました。

そのプーチン大統領は二〇年、新型コロナウイルスの感染者が急増するなかで、あえて憲法改正を実行し、任期延長を可能にしました。

二〇年一月に公表した最初の改憲案では、二四年の任期満了で退陣し、鄧小平型の院政を視野に置いていたようです。ところが三月の下院で、女性初の宇宙飛行士、テレシコワ議員が、歴代大統領の過去の任期をリセットする修正案を突然提案し、承認されました。

プーチン氏はさらに二期十二年務めることが可能になり、最長で二〇三六年までの続投に道が開かれました。三十六年間勤めあげるなら、スターリン（約二十八年）を抜いて二十世紀以降のロシアで最長在位のリーダーになります。

この間、内閣総辞職のドタバタがあり、メドベージェフ首相は安保会議副議長に転出。ナンバー2の首相には、無名のテクノクラート、ミシュスチン連邦税務局長官が抜擢されました。

改憲をめぐる全国投票は七八％の支持で承認され、「プーチン王朝」の恒久化が図られています。反政府指導者のアレクセイ・ナワリヌイ氏は、テレシコワさんの狂言回しについて、「伝説の宇宙飛行士は、宇宙の暗黒をロシアにもたらした」と皮肉っていました。

ロシアのアネクドート・サイトは、世界のスーパースター、プーチン氏のネタで盛り上がっています。

プーチン大統領が退陣した翌日、検察が家宅捜索を行い、権力乱用、腐敗、政敵暗殺未遂容疑でプーチン容疑者を逮捕した。裁判で裁判長は、プーチン被告を有罪とし、終身刑を言い渡した……。

夢から覚めたプーチン大統領がつぶやいた。

「やはり憲法を改正して任期を延長しなければならない」

翌日、テレシコワ議員は下院で、大統領経験者の任期をリセットする新提案を行った。

以前は、プーチン大統領が憲法の守護者だった。

現在は、憲法がプーチン大統領の守護者になった。

ロシア憲法は国民を擁護しない。

ロシア国民が憲法を擁護する。

一九九九年、エリツィン大統領が側近らに言った。

「疲れた。私は辞める」

二〇二〇年、プーチン大統領が側近らに言った。

「疲れた。君らは辞めてくれ」

問●ロシアで最も素早くコロナウイルス対策に成功した高官は誰か?

答●メドベージェフ前首相だ。真っ先に辞めて自己隔離に入った。

プーチン大統領が憲法改正成立後の会見で、「死ぬまでロシアを統治することはない」と語った。

反体制派がコメントした。

「ロシアが死ぬまで統治するということだ」

ロシア市民の会話――。

「私の娘はプーチン時代に生まれた。孫もプーチン時代に生まれた。曽孫もプーチン時代に生まれるだろう」

「ロシアのすべての犬も、プーチン以外の最高指導者を知らない」

プーチン大統領がバスに乗ってクレムリンに通勤するパフォーマンスを見せた。大統領が回数券を渡すと、運転手が言った。

「これはバスの回数券ではありません」

「間違えた。大統領職の回数券だった」

プーチン大統領は会見で、二〇二四年の次回大統領選に立候補するかどうか決めていないと述べた。

すべての国民は、プーチン大統領が立候補することを知っている。

ロシアの憲法改正で、大統領選の立候補者の条件に「二十五年間ロシアに居住する者」という条項が加えられた。

次の憲法改正では、「大統領を二十年以上務めた者」という新たな条件が加えられる。

プーチン時代には、経済成長であらゆる指標が伸びた。

大統領の任期も、一期八年から六期三十六年に伸びた。

絶妙のパフォーマンス

プーチン大統領の長期政権の秘訣は、巧みなメディア戦略にあります。主要テレビ局を政権の統制下に置き、有能で行動的、愛国者で安心できる指導者というイメージが構築されました。

大統領の得意とするパフォーマンスが、「プーチンと直通回線」と題する国民とのテレビ対話です。年一回、スタジオに陣取った大統領は、ロシア全土から寄せられる様々な質問を巧みにさばき、国民の疑問や不満に答えます。

毎年全国から数百万の質問が寄せられ、プーチン氏は四時間以上にわたってメモなしで、数字をちりばめながら、立て板に水のごとく答えます。この間、ＣＭによる中断もなく、席を立ちません。記憶力と機転、頭の回転の速さばかりか、強靭な体力も要求されます。世界の主要国指導者で、このパフォーマンスができるのはプーチン氏だけでしょう。

毎回登場するのは、地方の高齢者が不便で苦しい生活を直訴するパターンです。プーチン大統領は質問者に同情し、すぐさま地元幹部の責任を厳しく追及、幹部を叱りつけ、更迭や処罰を示唆します。その結果、解任された幹部もおり、知事ら地方幹部は毎回、戦々恐々として番組を見ています。

視聴者は留飲を下げ、国民に寄り添うプーチン氏の権威を高めることになります。やや芝居がかったマンネリズムながら、勧善懲悪の展開に安心して見ることができ、国民と指導者を直接結びつける演出が施されています。

しかし、近年は庶民の給与減や生活苦が進むなか、このやりとりも次第にアネクドートのネタになってきました。

プーチン大統領が国民の質問に答えるテレビ対話で、農村部の高齢女性が質問に立った。

「私たちの村には水道がなく、毎日水を汲みに行きます。停電が頻繁にあり、病院も閉鎖されました。村は高齢者ばかりで、年金も少なく、食料の調達に苦労しています。……質問は、アメリカとの戦略的均衡を維持するには、何をすべきでしょう」

プーチン大統領が恒例のテレビ対話で発言した。

「今後、ロシアのすべての地方でインターネットを開通させる」

すると、地方の農民が質問した。

「ガス、水道、電気はいつ開通するのですか？」

プーチン大統領の国民対話で、市民が質問した。

「大統領、ガソリン価格が高騰しており、困っています」

「ガソリン価格は市場が決めるものだ。……市場には、私が指示するが」

プーチン大統領がテレビ対話で、新型核ミサイルの開発計画を公表し、「われわれは極超音速ミサイルによってアメリカを驚かせることができる」と強調した。

参加者が質問した。

「われわれはいつ、給与や年金によってアメリカを驚かせることができますか？」

プーチン大統領の国民対話では、全土から二百万件以上の質問が寄せられた。

批判や苦情は削除され、七十三問だけが残った。

プーチン大統領の国民対話で、質問しようと手を挙げた地方の女性年金生活者が、結局当てられなかった。

地元の知事は翌日、この女性に２ＤＫのアパートをプレゼントした。

プーチン大統領の四時間を超す内外記者会見を聞きそびれた市民の会話——。

「会見の内容を端的に知るにはどうすればいいか」

「アネクドート・サイトを見ることだ」


プーチン大統領の長い内外記者会見を聞いていた市民の会話——。

「いったい、いつまで続くのだ」

「あと十五年は続くだろう」


二〇二〇年のプーチン大統領の記者会見で——。

「政権担当二十年を経た感想は？」

「中間点だ。これから二十年を折り返す」


問●プーチン大統領はいつ退陣するか？

答●戴冠式の日だ。

年金改革に批判沸騰

プーチン政権は政権の安定度を占う指標として、大統領支持率を重視しています。二〇一四年のクリミア併合は、民族愛国主義を高揚させ、支持率は一時九〇％と過去最高を記録しました。

その後も高止まりしていましたが、四選を経た後の一八年に二〇ポイント低下し、六〇％台になりました。これは、六月のサッカーW杯ロシア大会の開会式直後、当時のメドベージェフ首相が発表した年金制度改革が影響しています。

ロシアの年金受給年齢は男性が六十歳、女性が五十五歳でしたが、財源の枯渇化に伴い、受給開始年齢を男性は六十五歳、女性は六十三歳（その後六十歳に修正）に段階的に引き上げるというもので、各地で反対デモが起こりました。

ロシア人の一人当たり平均年金受給額は月一万五千ルーブル（約二万五千円）と安いうえに、五年も支給時期が遅れるとあって、当然ながら反発を買いました。

ロシア人男性の平均寿命は六十七歳と低いことから、インターネットのブログでは、「二年しか年金を貰えない。詐欺だ」「これでは、棺桶の中で年金を受け取ることになる」といった書き込みもありました。

ロシアでは、プーチン体制が堅固で、選挙による政権交代はほぼ不可能ですが、近年は年金改革反対デモ以外にも、市民の抗議行動が頻発するようになっています。首都モスクワで出る大量のゴミを鉄道で運び、巨大な埋め立て場を建設する北部アルハンゲリスク州の反ゴミ運動、市内にロシア正教会の教会をつくりすぎることに反発したエカテリンブルクの反教会デモなどです。

二〇年七月には極東のハバロフスクで、人気の高い野党知事が十数年前の殺人容疑で逮捕されたことに抗議する数万人規模のデモが毎週行われ、「極東の反乱」として注目されました。

問●プーチン大統領が年金受給年齢を六十歳から六十五歳に引き上げたのはなぜか?

答●自分がまだ辞めるつもりがないからだ。

問●プーチン大統領がアフリカ諸国に支援を約束した二百億ドルの財源は何か？

答●年金受給年齢引き上げによる余剰分だ。


補佐官がプーチン大統領に提案した。

「大統領、支持率を確実に九〇％に引き上げる方法を見つけました」

「何だ、それは」

「年金の受給年齢を四十歳に引き下げることです」


ロシア議会で不敬罪と虚偽情報流布罪が同時に制定された。

「メドベージェフ首相はひどい」と言ったら、指導者を侮辱した罪で罰せられる。

「メドベージェフ首相は有能だ」と言ったら、フェイクニュースを流布した罪で罰せられる。


プーチン大統領がミシュスチン首相に言った。

「エネルギー相に正教会のキリル総主教を起用したらどうか？」

「彼はエネルギーは素人です」

「原油価格が上昇するよう、祈ってもらうのだ」


プーチン大統領が閣議で首相に言った。

「原油ばかり売らず、ガソリンにして輸出したらどうなのか?」

「鉄鉱石は売れても、国産乗用車が輸出できないのと同じです」


ロシア大統領府の官僚に娘が尋ねた。

「パパのオフィスには、なぜプーチン大統領の写真が飾ってあるの?」

「大統領が突然入ってくるかもしれないからだ」

「……ママがブラッド・ピットの写真を部屋に飾る理由が分かったわ」


二〇一四年のソチ五輪で、ロシアのアイスホッケー・ナショナルチームが敗れ、予選リーグから抹殺された。

二〇一四年のサッカーW杯で、ロシアのサッカー・ナショナルチームが敗れ、予選リーグから抹殺された。

両チームは、プーチン大統領によって抹殺された。

問●原油価格が上昇しないなかで、プーチン大統領に残る最後の功績は何か?

答●第二次世界大戦の勝利だ。

ロシア人一億四千万人が一斉に亡くなり、天国に送られた。

天国の管理人が言った。

「これほど人が多いと、群衆をまとめる指導者が必要だ。誰がいいか」

すると、群衆から「プーチン」「プーチン」のシュプレヒコールが湧きあがった。

管理人が言った。

「プーチンはここにはいない。彼は地獄へ送られたはずだ」

問◎ロシアで政権要人や議員の子弟が億万長者になるのはなぜか？

答●遺伝学ではその謎は解明できない。


補佐官がプーチン大統領に報告した。

「大変です。首都で大規模な反政府デモが予定されています」

「遠隔地で行うようにしたらどうだ」

「たとえば、極東とか」

「ハバロフスクがいいだろう」

ハバロフスクの反政府運動で、デモ隊が「反プーチン」を叫んでいる頃、プーチン大統領は寝ていた。

プーチン大統領が抗議行動の報告を受け、激怒する頃、デモ隊は寝ていた。

世論調査機関のスタッフが市民に質問した。

「あなたはプーチン大統領を支持しますか」

「この調査は匿名だろうな。外に漏れたりしないだろうな」

「もちろんです。誰にも知られません」

「それなら言うが、実は私はプーチンを支持している」

「プーチン宮殿」の謎

二〇一八年にサンクトペテルブルク大学から日本に留学したロシア人学生が、同年の大統領選について、「自分の周囲の学生で、プーチンに投票した者は一人もいない」と自慢げに語っていました。

彼はプーチン大統領と同じサンクトペテルブルク出身で、大学の後輩ながら、「地元だからプーチン周辺の汚職、腐敗、利権を皆が知っている」そうです。

ロシアでは知識層の若者の多くが反プーチンです。長期政権下、利権構造がすっかり定着し、就活もコネがないと難しく、専門性を生かせないとあって閉塞感が高まっています。有能な人材の海外流出も進んでいます。

現状打破を求める若者の圧倒的人気を集めるカリスマが、ブロガーで反政府指導者のナワリヌイ氏です。

ナワリヌイ氏が二〇年八月、シベリアで毒物を投与され、重体に陥る事件がありました。ドイツ政府機関の調査で、旧ソ連軍が開発した神経剤「ノビチョク」と判明し、政権の関与説が強まりました。ナワリヌイ氏は「プーチンの仕業だ」と決めつけました。

その後、ベルリンの病院で治療を受けて回復し、二一年一月に帰国した際、モスクワの空港で執行猶予中の出頭を怠ったとして拘束されました。

ナワリヌイ氏が率いる団体「反汚職基金」はその直後、黒海沿岸に一千億ルーブル（約一千四百億円）をかけて建設された豪華な「プーチンのための宮殿」の動画をユーチューブに投稿。十日間で一億回以上再生され、反響を呼びました。

プーチン宮殿は、政権の利益誘導を受けた新興財閥が寄付して建設されたとされ、コロニアル風の大邸宅には、十一のベッドルームや劇場、カジノ、スパ、畳のトレーニングルームなどを装備。周囲には屋内アイスホッケー場やプール、ワイナリーがあり、「豪華な内装や家具に頭にきた建設関係者が情報を提供した」そうです。

大統領報道官は、「プーチン大統領は宮殿を持っていない。ナンセンスな報道だ」と批判。プーチン氏も「私のものでも、近親者のものでもない。一部しか見ていないが、複数のカットを寄せ集めて合成したつまらない動画だ」と否定しました。

国営テレビの現地ルポでは、宮殿はまだ建設中で豪華な家具もないことから、脚色の多い告発でしたが、ナワリヌイ氏は「世界最大の賄賂だ」「プーチンらは国民の資産を食い物にする泥棒ギャングだ」と非難しました。この動画が国民の怒りに火をつけ、ロシアの百カ所以上で大統領退陣を要求する大規模な抗議デモが起きました。

これに対し治安当局は徹底弾圧で臨み、ナワリヌイ氏も二年八カ月の禁固刑を言い渡されています。

プーチン大統領と獄中のナワリヌイ氏との戦いは長期化の様相を呈しており、激しい世代間対立がロシアをむしばみそうです。

アネクドートの世界では、弱い側に味方する伝統があり、プーチン氏が悪玉扱いされています。

「プーチン宮殿」を告発する二時間近い動画がアップされた。ペスコフ報道官がプーチン大統領に報告した。

「大変です。ナワリヌイの動画再生回数が一億回に達しています」

「そうか、私も見なければ」

ナワリヌイの動画が、「プーチン宮殿」の建設費を一千億ルーブルと伝えるのを聞いて、プーチン大統領が激怒した。

「二千億ルーブルと聞いていたのに、誰が一千億ルーブルを盗んだのだ」

ナワリヌイの組織が作成した動画で、豪奢な施設や家具を見た高齢の女性が十字を切った。

「遂に、ツアーリ（皇帝）が復活された」

ナワリヌイの組織が作成した動画をあの世で見たレーニンとトロツキーが話し合った。

「そろそろ十月革命の出番だ」

ナワリヌイの動画を見たトランプ前米大統領がプーチン大統領に電話をかけてきた。

「あの宮殿を購入し、トランプ宮殿にしたい。カジノもあるようだし」

ナワリヌイ氏は「私はプーチンを恐れない」と強調した。

プーチン大統領は「私はあのブロガーを恐れない」と強調した。

ロシア国民が二人を恐れている。

ナワリヌイ氏の裁判を欧米の外交団が傍聴した。

大統領報道官が「露骨な内政干渉だ」と非難すると、外交団が答えた。

「ご心配なく。われわれはプーチン氏の裁判も傍聴する」

問●ロシアの司法制度が他の国と違う点は何か？

答●ロシアでは、加害者が宮殿を保有し、被害者が刑務所に入る。

問●神経剤の「ノビチョク」は何に盛られやすいのか?

答●You never know what they Putin it.

問●ナワリヌイはどうやって毒を盛られたか?

答●It was Putin his tea.

問●米政府がナワリヌイのグループを支援するカネの財源は何か?

答●ロシアの腐敗官僚がアメリカで購入した不動産の取得税だ。

問●リュドミラ夫人がプーチン大統領との離婚に同意したのはなぜか?

答●最後の皇帝、ニコライ二世一家の末路を知ったからだ。

英語圏のロシア・ジョークではしばしば、put in（差し込む、取り付ける）をPutinと表現して笑いを取っています。

毒殺未遂事件で、ナワリヌイ陣営は当初、シベリアの空港で口にした紅茶に毒が盛られていた可能性が強いとしていました。

その後、イギリスの独立系調査機関「ベリングキャット」と米CNNテレビは携帯電話の位置情報や飛行機の搭乗記録などの共同調査を行い、ロシアの情報機関である連邦保安庁（FSB）が関与したとし、実行した工作員ら八人の氏名や写真を公表しました。

療養のためドイツに滞在していたナワリヌイ氏は、FSB長官を務めたパトルシェフ安全保障会議書記の補佐官を装ってそのうちの一人に電話し、「下着の内側にある、股の縫い目の部分に沿って毒を塗った」「自分は塗っていないが、衣服を回収して証拠を隠滅するため、二度（航空機が緊急着陸した）オムスクに赴いた」という証言を取り、そのやりとりをネットで公表しました。

アネクドート・サイトでは、「ロシアでは被害者が自分で犯人を捜査する」「FSBの花形は下着部門だ」といったネタが飛び交いました。

プーチンvsバイデン

ロシア文化の至宝であるアネクドートは、「停滞の時代」とされる一九七〇年代のブレジネフ時代に異様な発展を遂げました。旧ソ連共産党の一党独裁下、言論の自由が封殺されるなか、庶民はアネクドートによって官僚主義や生活苦を揶揄し、憂さを晴らしてきました。その伝統はゴルバチョフ時代も続き、行列や物不足が皮肉られました。

ソ連時代のアネクドートは、世界の核兵器の九割以上を保有する米ソ両超大国の関係がよくテーマになりました。大抵は、米大統領が引き立て役となり、ソ連指導者を揶揄するオチでした。

しかし、二〇〇〇年にプーチン大統領が登場すると、ブッシュ（子）大統領を揶揄するジョークが多くなりました。プーチン大統領が手堅い内外政策で評価を上げたのに対し、ブッシュ大統領は軽率なイメージから、プーチン大統領が引き立て役となり、アメリカのイラク戦争やハリケーン対策の不手際が揶揄されました。

近年は、経済不振や国際的孤立でプーチン評価が低下しており、再び攻守交代の動きもあります。バイデン大統領は人権や民主主義を擁護し、プーチン大統領を「殺し屋」呼ばわりする反露派です。外交のプロである米露両大統領の攻防も見逃せません。

問●アメリカの歴代大統領は、なぜプーチンを嫌っているのか？

答●彼らが辞めても、プーチンは一向に大統領を辞めないからだ。

二〇〇九年、オバマ大統領がロシアを訪問し、米露首脳会談のため、クレムリンに到着した。しかし、メドベージェフ大統領はなかなか現れなかった。遅刻したメドベージェフ大統領にオバマ大統領が言った。

「ドミトリー、何かあったのか」

「すまない。プーチン首相の通勤の車列が通過するまで待たされたので……」

問●ロシアに最も打撃を与えるアメリカの対露経済制裁は何か？

答●ロシア閣僚のｉＰｈｏｎｅとｉＰａｄの使用を禁止することだ。

問●アメリカとロシアの違いは何か?
答●アメリカでは、誰もが大統領をののしり、軽蔑するのに、経済は成長している。
　ロシアでは、誰もが大統領を賞賛し、服従するのに、経済は低迷している。

問●アメリカとロシアの政党制の違いは何か?
答●アメリカは、共和、民主の二大政党制だ。
　ロシアは、親プーチン、反プーチンの二大政党制だ。

ロシアはいつもアメリカの後塵を拝している。
トランプ大統領はとっくに新型コロナから回復したのに、プーチン大統領はまだ感染すらしていない。

ロシアの反政府勢力が米政府と米議会に苦言を呈した。

「アメリカが対露経済制裁を発動するたびに、プーチン大統領の任期が長くなる」

問●バイデン大統領とプーチン大統領の違いは何か?
答●米国民はいつも、バイデン大統領がどこにいるか知っている。
　プーチン大統領はいつも、ロシア国民がどこにいるか知っている。

プーチン大統領がバイデン大統領に電話して言った。
プーチン「クリントン、ブッシュ、オバマ、トランプ……あなたは私が対峙する五人目の大統領だ……あと五人を想定しているが」

バイデン大統領とプーチン大統領が電話会談でやりあった。
プーチン「大統領、昨夜奇妙な夢を見た。百年後のアメリカを訪れると、大きく発展し、国民も幸せに暮らしていた。各家庭には大きなスローガンが掲げてあった」
バイデン「何と書いてあった?」

プーチン「『ロシア合衆国万歳』だ」
バイデン「私も奇妙な夢を見た。百年後のロシアを訪れると、大きく発展し、国民も幸せに暮らしていた。各家庭には大きなスローガンが掲げてあった」
プーチン「何と書いてあった?」
バイデン「分からない。ウクライナ語は読めないので」

遠のく北方領土

戦後の日本で、安倍晋三首相ほど北方領土問題の解決に使命感を持ち、ロシアに融和的な政策を進めた首相はいません。

安倍首相は二期目の七年八カ月間に計十一回ロシアを訪問し、プーチン大統領とは二十七回会談しました。国是の「四島返還」を、「二島プラスアルファ」に譲歩し、アメリカの対露封じ込めにも同調しませんでした。対露経済協力のための「八項目提案」を行い、ロシア経済分野協力担当相まで設置しました。

安倍首相は「私とウラジーミルの手で必ず平和条約を締結する」「平和条約締結へ確かな手ごたえを得た」などと期待を煽りました。

しかし、こうした涙ぐましい努力もロシアには通用しませんでした。二〇一九年からは、歯舞、色丹二島の引き渡しをうたった一九五六年日ソ共同宣言を基礎にした本格交渉に入りましたが、ロシア側は高飛車な態度に出て、結局「ゼロ回答」でした。

安倍首相退陣前には「領土割譲禁止」の条項を含む憲法改正も行われ、首相の融和外交は強烈なしっぺ返しに遭いました。安倍首相は退陣会見で、ロシアとの平和条約締結が実現しなかったことは「断腸の思い」だと表現しました。

しかし、安倍氏はロシアでは著名な政治家で、大統領報道官は「プーチン大統領と安倍氏の間には、仕事を成し遂げるための輝くような関係があった。退陣は極めて残念」と惜しんでいました。

日露の政治関係はぎくしゃくするものの、ロシア社会では日本料理や日本の格闘技、文学やアニメが支持され、近年は秋田犬が人気です。アネクドートのネタに「日本」が登場するのは、存在感の高まりを示しています。

ロシアとアメリカの関係は、9・11同時多発テロで改善した。
ロシアとポーランドの関係は、ポーランド大統領の航空機事故死で改善した。
ロシアと日本の関係は、東日本大震災で改善した。
ロシア秘密警察がウクライナとの関係改善のため、何かを仕掛けないよう望む。

メドベージェフ大統領が北方領土を視察すると、日本人の心は傷ついた。
ラブロフ外相が北方領土を視察すると、日本人の心は傷ついた。
プーチン大統領が北方領土を視察するなら、日本人の心は死んでしまう。

日露首脳会談で、安倍晋三首相が領土問題の解決を強く主張すると、プーチン大統領が遂に譲歩した。
「仕方がない。四島を日本領と認めよう。本州、北海道、九州、四国は日本のものだ」

日露首脳会談で、安倍晋三首相が領土問題の解決を強く主張すると、プーチン大統領が新提案を行った。
「日本がロシア連邦に加入すれば、北方四島を日本共和国に帰属させる」

問●サハリンの住民が南クリル（千島列島）の返還に強硬に反対するのはなぜか？
答●自分たちが先に日本の支配下に入りたいからだ。

日本では、抑圧された者が空手を発明した。
ロシアでは、抑圧された者がアネクドートを発明した。

ベラルーシの「ロッキー」

「欧州最後の独裁者」の異名をとるベラルーシのルカシェンコ大統領は、旧ソ連の亡霊のような政治家です。

ソ連時代はコルホーズ（集団農場）の支配人を務め、ソ連崩壊後政治家に転身し、一九九四年の大統領選で大衆迎合型の主張を掲げて当選。以後一貫して大統領の座にあり、独裁権力を強化してきました。独特の治世は「コルホーズ政治」と呼ばれます。

新型コロナはベラルーシでも感染が拡大しましたが、ルカシェンコ大統領は「コロナは心の病。ウオツカやサウナが効く」と述べ、「ステイホームより屋外に出よう」と国民に呼び掛けました。案の定、自らも感染しましたが、「ウオツカで消毒し、症状は出なかった」そうです。公共の場で拍手をすることを違法としたり、「民主化を唱える連中はならず者だ」と決めつけたりしたこともありました。

二〇二〇年八月、六選を目指した大統領選は大荒れとなり、ルカシェンコ氏の当選が発表されると、市民が満を持して首都ミンスクなど主要都市の街頭に出て、十万人規模の抗議運動が続きました。大統領は治安部隊を動員し、殴る蹴るの弾圧を行い、国内が完全に分裂状態です。

ＥＵは野党統一候補となった普通の主婦、チハノフスカヤ氏を支持し、政権幹部に制裁を発動。ルカシェンコ大統領は後ろ盾となるプーチン大統領の支持を得ており、欧米対ロシアの対立構図になりつつあります。一方でロシアも、奔放なルカシェンコ大統領には手を焼いているようです。

ベラルーシは経済・文化的にロシアと近く、ロシアへの出稼ぎ労働者による送金が生命線です。両国は将来の統合に向けた国家連合条約を結んでいるため、いずれロシアが併合に動くとの憶測もあります。反独裁を叫ぶ中間層や若者の反乱で、長期独裁のルカシェンコ体制は窮地に立たされています。ロシア文化圏だけに、アネクドートが大活躍です。

問●ルカシェンコ大統領と、シルベスター・スタローン主演の映画『ロッキー』シリーズの共通点は何か？

答●主役は老けていくのに、毎回相手を打ち負かす。

ベラルーシ大統領選の終了後、中央選管委員長がルカシェンコ大統領に言った。

「グッドニュースとバッドニュースがあります。グッドニュースは、あなたの当選が決まりました」

「バッドニュースは何だ」

「あなたに投票した有権者はほとんどいません」

ベラルーシの首都ミンスクで男が突然、警官に取り押さえられた。

「待ってくれ。私はルカシェンコに投票した」

「黙れ。ルカシェンコに投票する奴などいるものか」

ルカシェンコ大統領が、デモに参加した若者は軍隊に徴兵すると警告した。

側近が大統領をたしなめた。

「そんなことをすると、軍が大統領に銃口を向けます」

ルカシェンコ大統領がプーチン大統領に電話した。

「ロシアはなぜ私の当選を祝福しないのか」

「選挙の集計が済むまで待っている」

「ロシアも票の集計などしないだろう」

プーチン大統領がルカシェンコ大統領を電話で諭した。

「八〇％の得票で当選したらしいが、私の前回選挙の得票率は七六％だった。もっと謙虚になるべきだ」

ルカシェンコ大統領がプーチン大統領に電話した。

「緊急融資で十五億ドルほど送ってもらいたい」

「財源はどうする」

「たばこ税を一〇％上げれば済むことだ」

ドイツのメルケル首相が怪訝そうに側近に言った。

「どうもおかしい。ルカシェンコ大統領に電話しても、毎回プーチン大統領につながってしまう」

ルカシェンコ大統領がデモ隊に譲歩し、「報道機関の検閲を廃止する」と表明した。

大統領は慌てて付け加えた。

「報道機関は廃止する」


反政府デモ隊が集会で叫んだ。

「ルカシェンコは出てこい」

ルカシェンコ大統領が出ていくと、デモ隊が叫んだ。

「ルカシェンコは出ていけ」

第 5 章

東アジアは荒れ模様

2019年6月、板門店の軍事境界線を挟んで握手するトランプ米大統領（右）と金正恩朝鮮労働党総書記

すごいぞ中国

二〇一一年、中国の胡錦濤国家主席がアメリカを公式訪問し、ホワイトハウスで晩餐会が開かれた。

胡主席はオバマ大統領の二人の娘に近づいて話しかけた。

「どこの工場で働いているのですか？」

胡錦濤国家主席が訪米し、ホワイトハウスで晩餐会が開かれた。

食事の最後にフォーチュンクッキーが出された。胡主席がそれを開けると、こう書かれていた。

「米国債を新たに一兆ドル購入すると、あなたに幸運が訪れます」

オバマ大統領が胡錦濤主席をホワイトハウスに案内した。胡主席は部屋を細かくチェックして言った。

「いい物件です。中国の不動産ディベロッパーに購入させ、再開発するよう勧めます」

中国で深刻な大気汚染が広がり、児童の外出禁止令が敷かれた。
数日後、米アップル社は新型iPhoneの発売延期を発表した。

問●平均的な中国人が生涯に作る製品を三つ挙げよ。
答●スニーカー、ジーンズ、iPhone。

問●レイバーデー（九月第一月曜日の労働者の休日）とは何か?
答●失業率一〇%におののくアメリカの労働者が、デパートに行き、中国製品を買い込む日だ。

米中首脳が電話会談を行った。
胡錦濤主席「チャイナ・フリー（中国製品抜き）のスローガンはみっともないので外してほしい」

オバマ大統領「フリー・チベット（自由なチベット）が実現するなら応じる」

以上は十年ほど前に、アメリカの夜のトークショーに登場した作品です。若年労働者も動員して「世界の工場」となった中国が飛躍的な経済成長を遂げ、アメリカでも躍進が注目され始めた時期です。二〇〇八年のリーマン・ショック時も、中国が内需拡大を推進し、世界経済の機関車役となりました。

中国のＧＤＰが日本を追い抜いたのも一一年で、今では三倍以上の差をつけられています。

大量の中国製品が流入した結果、アメリカの対中貿易赤字が空前の規模に拡大し、トランプ前大統領は強引な「中国封じ込め」政策を進めました。

米側は制裁関税を導入、中国側も報復関税を課し、貿易戦争と先端技術戦争が激化しました。互いに口汚くののしり、デカップリング（経済関係の断絶）が始まりました。

軍事面でも互いを脅威とみなし、台湾海峡や東・南シナ海で対峙しています。米側は、中国がアメリカを脅かす経済・軍事大国になることが我慢ならず、米中覇権争いの構図です。

中国の躍進を封じ込める点では、バイデン大統領の戦略も同様ですが、一定の関与政策も示しています。

バイデン氏が大統領選中に発表した外交論文は、「中国の不正な振る舞いや人権侵害に対して、同盟国や友好国と連携して対抗する」としながら、「気候変動や核不拡散、医療健康問題など、利害が重なる分野は協力していく」としています。

バイデン、習近平両首脳の駆け引きも注目されますが、二人がナンバー2時代、親しく交流していたことはあまり知られていません。二人は一一年にローマで会談。同年にはバイデン訪中、一二年には習近平訪米があり、互いにアテンドし合いました。その過程で、次男のハンター・バイデン氏が中国企業から宝石や賄賂をもらっていた疑惑もあります。

上院議員・副大統領時代のバイデン氏は中国に比較的ソフトな発言をしていましたが、米中覇権争いのさ中、新政権の対中強硬姿勢が目立っています。

バイデン氏は習主席を「悪党」呼ばわりし、ブリンケン国務長官は中国のウイグル族弾圧を「ジェノサイド」と強調。イエレン財務長官も為替操作の「不公正慣行」を非難しました。

バイデン政権が「最重要課題」と位置付ける米中関係の展開から目が離せません。


十年前、バイデン副大統領と習近平国家副主席が会談し、プレゼントを交換した。

習副主席は高級服を贈って言った。

「メイド・イン・チャイナです」

バイデン副大統領が高級靴を贈ると、習氏が言った。

「メイド・イン・チャイナですね」


二〇一二年、バイデン副大統領が訪米した習副主席をワシントンの高級レストランに招待した。支払い時に、バイデン副大統領が高額な請求書を見て戸惑っていると、習副主席が言った。

「なんなら、追加で貸しましょうか」


カリフォルニア州に立ち寄った習近平副主席がハリウッド見学を希望した。

「いつも見ている海賊版ビデオの製造元をのぞいてみたい」

問●中国が対米関係で訴えるウィン・ウィンの原則とは何か?

答●中国が二度勝つことだ。

トランプ大統領のスローガン「Buy American」
習近平主席のスローガン「Buy America」

中東の反米スローガン「アメリカは死ね!」
中国の反米スローガン「アメリカはカネを返してから死ね!」

北朝鮮の金正恩総書記が中国の習近平国家主席に伝えた。
「ＩＣＢＭ（大陸間弾道ミサイル）が遂に完成しました。いつでもアメリカを攻撃できます」
「われわれが一兆ドルの米債権を回収するまで、攻撃は待ってくれ」

神が新旧三人の大統領を呼んで米中関係について質問した。

神がブッシュ大統領に「対中政策で何が必要か」と尋ねると、ブッシュ大統領は「公正な自由貿易を中国に求めることです」と答えた。神は「その通りだ。私の右に座りなさい」と言った。

次に神がオバマ大統領に尋ねると、オバマ大統領は「自由と民主主義を中国に求めることです」と答えた。神は「その通りだ。私の左に座りなさい」と言った。

神が最後にトランプ大統領に質問すると、トランプ大統領は「まず、あなたの席を私に譲ることだ」と言って神の席を奪った。

十九世紀のマルクス健在

超大国入りを目指す中国について、日本では、中国の先端技術や高成長を称賛する「すごいぞ中国派」と、巨大な格差や腐敗、成長停滞を懸念する「やばいぞ中国派」に分けられるようです。

中国のすごい点は、たとえば人工知能（ＡＩ）関連の特許出願件数で、二〇二〇年にアメリカを抜いて世界一になりました。次世代の通信規格５Ｇでも、ファーウェイなど中国二社が通信インフラの世界展開で米企業を圧倒しています。

イギリスの民間調査機関は二〇年十二月、中国が名目ＧＤＰで米国を超える時期を二〇二八年と予想しました。コロナ禍からの回復スピードの違いにより、二〇三三年以降とみていた逆転時期を前倒ししたのです。

しかし、これほど二十一世紀の先端技術革命が進み、技術開発力も世界トップクラスなのに、いまだに十九世紀のマルクス主義を国是に据えるのは矛盾です。

東京五輪開会式の二一年七月二十三日は、実は中国共産党創立百周年記念日です。一九二一年七月二十三日、レーニンやトロツキーが各国の社会主義革命を支援するため設置したソ連共産党の下部組織、コミンテルン（国際共産党）の指導で、毛沢東ら十三人の党員が上海のフランス租界に集まり、コミンテルン中国支部として発足しました。

ちなみに、荒畑寒村、野坂参三らのコミンテルン日本支部が発足したのはその翌年で、二〇二二年は日本共産党創立百周年です。

生みの親のソ連共産党はとっくに崩壊したのに、中国共産党は膨張を続け、今日、党員九千万人を擁する一党独裁政党です。欧州では社会主義国がことごとく姿を消したのに、アジアでは中国、北朝鮮、ベトナム、ラオスで社会主義一党独裁体制が健在です。先進国で共産党が影響力を保つのも日本だけでしょう。

こう見てくると、社会主義は発達した欧州でしか実現しないというマルクスやレーニンの予言は外れ、アジアで成功したことになります。

もっとも、現在の中国共産党はイデオロギー政党というより、社会を統治する支配機構で、腐敗や汚職、利権の温床になっているようです。

中国共産党は一九八九年の天安門事件が転機となり、体制存続に向け、社会主義より中華民族主義を前面に掲げるようになりました。

その中国共産党にとって、民主化要求や人権批判は最大のタブーで、一党独裁放棄や複数政党制導入を訴えたノーベル平和賞受賞者の劉暁波氏を投獄するなど、民主化運動を弾圧しています。

中国共産党のプログラマーが中国製ＡＩと対話し、「共産党万歳」と書き込んだ。すると、ＡＩは「腐敗し、無能な党に万歳はできない」と答えた。

プログラマーが「『中国の夢』とは何か」と書き込むと、ＡＩは「アメリカへの移住」と答えた。

プログラマーが「中国共産党はマルクスの教えに沿って社会主義を推進している」と書き込むと、ＡＩは爆笑した。

あの世のマルクスが北京にやってきて、習近平共産党総書記に尋ねた。

「富農は打倒したかね」

「全員、共産党に入りました」

「ブルジョア資本家は滅びたかね」

「全員、共産党中央委に入りました」

「汚職・腐敗分子は処刑したかね」

「全員、共産党政治局に入りました」

一九四九年、毛沢東が言った。

「社会主義だけが、中国を救うことができる」

一九七八年、鄧小平が言った。

「資本主義だけが、中国を救うことができる」

二〇一二年、習近平が言った。

「中国だけが、資本主義を救うことができる」

問● 一流大学を卒業した中国人が必ず招かれるパーティーは何か?
答● Chinese Communist Party

米中首脳会談で、胡錦濤主席はオバマ大統領がノーベル平和賞を受賞したことを知ると、側近にささやいた。

「後でこの男を拘束しろ」

中国共産党の会議で、複数政党制への移行問題が協議された。

すると、財務相が反対した。

「中国政府には、これ以上腐敗政党を養う余裕はない」


問●中国共産党幹部が海外に蓄財し、子弟をアメリカに留学させるのはなぜか？

答●毛沢東革命が起きると、財産をすべて没収されるからだ。

一国二制度の終焉

習近平国家主席の父親は、毛沢東の同志だった習仲勲元党政治局員（副首相）で、幹部の子弟らで構成される派閥「太子党」に属します。前任の胡錦濤氏は、共産党エリート「共産主義青年団」（共青団）の派閥ですが、太子党は共産党を私物化する傾向があるようです。

習主席は憲法を改正して二期十年だった国家主席の任期を撤廃し、恒久政権に道を開きました。

中国専門家の故岡田英弘・東京外国語大学名誉教授は「中国共産党の本質は、国民国家というベールをまとった皇帝システムだ」と指摘していましたが、終身指導者となることを目論む習近平総書記も皇帝然としてきました。

二二年秋の中国共産党大会では、党総書記に代わって毛沢東時代の主席制が復活する見通しです。「習党主席」が誕生すれば、党は名実ともに習氏の党になります。

習政権は「一帯一路」を看板に対外経済進出を推進、外交は次第に攻撃的、好戦的になり、「戦狼外交」といわれています。インド国境、南シナ海、東シナ海などで軍事進出を強め、周辺国との摩擦が拡大しています。沖縄県尖閣諸島の周辺海域では、中国海警局公船の度重なる海域侵入が続き、尖閣上陸の恐れも出てきました。

この点で、一九七〇年代から八〇年代、「永遠の日中友好」を夢想して対中政府開発援助（ODA）を注ぎ込み、民間企業に技術・投資協力を奨励して中国強大化の司令塔となった日本外務省の親中派「チャイナ・スクール」の外交失敗の責任は重大です。

全体主義的な習近平体制は、人権弾圧も目に余ります。西部の新疆ウイグル自治区では、イスラム教徒のウイグル少数民族を弾圧し、百万人以上を収容施設に収監したり、モスクや墓地を取り壊すなどして中国化を進めています。

香港では、雨傘運動以来、若者らを中心に民主化運動が続き、二〇一九年には街を埋め尽くす規模で中国当局に民主化を要求しました。中国政府は二〇年、混乱防止として鎮圧に乗りだし、香港国家安全維持法を導入しました。

その結果、香港警察がデモ隊を摘発し、殴る蹴るの暴行を働くシーンがSNSで世界に流れました。日本びいきの民主活動家、周庭氏ら若い三人が有罪となり、禁固刑を言い渡されました。

一九九七年の香港返還時、中国が香港に五十年間の高度の自治を約束した「一国二制度」は、これで破綻したとみられています。米政府は香港への優遇措置を撤廃。香港からは資本流出の動きがみられ、自由金融都市・香港の地位は揺らいでいます。

バイデン政権が同盟国をどうまとめて、中国に巻き返すかが問われます。


中国共産党指導部は、天安門事件のあった六月四日を感謝祭にすることを決めた。

「Happy Tanksgiving !」

中国共産党が香港の民主派デモ隊にメッセージを送った。

「Tank you !」

二〇一九年、香港の民主化要求デモが半年以上続き、香港が中国の一部でないことを示した。なぜなら、メイド・イン・チャイナは大抵、一カ月で使えなくなる。

問●一九九七年の香港返還の年に生まれた新生児は、二〇二〇年に何歳か？

答●すでに五十歳になった。

問●香港で最大の宗教は何か？

答●Protestant

問●香港警察の好きなポップ・グループは何か？

答●Beat-les

問●香港警察が好きなマイケル・ジャクソンの曲は何か？

答●Beat It

問●香港が世界のファッションの最先端を行っているのは何で分かるか？

答●二〇一九年にマスクを着用した。

問●香港のFワードは何か？

答●Freedom

問●習近平主席が失脚すると、周庭さんはどう思うか？

答●Xi's Jinping with joy

問●ＩＫＥＡ製品と香港民主化運動の共通点は何か?

答●No peaceful assembly

Beat は殴る、打ちのめすの意で、香港警察の横暴は嫌になるほど見せつけられました。
習近平（シー・ジンピン）の英文のつづりは Xi Jinping で、Xi と she、Jinping と jumping（飛び跳ねる）を引っ掛けています。

英語で水掛け論のことを he-said-she-said argument といいますが、she said を xi said とするジョークもあります。

一九八九年の天安門事件は、中国の民主化運動が戦車（tank）によって粉砕されました。感謝祭（Thanksgiving）も、tank で皮肉られています。

天安門事件は日付をとって「6・4」と表現されますが、中国では「6・4」はインターネット警察による摘発に引っかかるため、「5月35日」という隠語が使われている——と中国人留学生に聞いたことがあります。

No peaceful assembly は、平和な集会はないという意味ですが、assembly には組み立ての意味があり、IKEA製品の組み立てが面倒なことを皮肉っています。

中国では、政治ジョークのアプリやネット・サイトは閉鎖されているようですが、検閲があまり及ばないSNSなどのジョークを読みたいところです。

「トランプ・ロス」の北朝鮮

北朝鮮の三代目、金正恩氏が二〇一一年十二月に最高指導者に就任して十年になります。独裁体制強化のため、政敵や軍幹部を次々と粛清し、義理の叔父に当たる実力者の張成沢氏を処刑。異母兄の金正男氏がマレーシアで殺害された事件への関与も疑われています。しかし、経済情勢は厳しく、二〇二〇年は国際社会からの経済制裁、水害、新型コロナの「三重苦」に直面しました。

北朝鮮は二一年一月、第八回労働党大会を開き、金正恩氏は経済政策の失敗を認め「国民に面目ない」と謝罪し、価格や質の自由化に言及するなど市場経済導入を示唆しました。自らは、父・金正日と同じ党総書記に就任。廃止していた党書記局を復活させるなど、父の

「先軍政治」から党重視路線に転換しました。

金総書記にとって、トランプ大統領の落選は大きなショックでしょう。トランプ大統領は金総書記を「私の友人」と呼び、「北朝鮮には偉大な潜在能力がある」などと持ち上げていました。

二人はシンガポール、ハノイ、板門店で三回会い、核問題で進展はなかったものの、友好を深めました。板門店会談はトランプ氏が大阪からツイッターで呼びかけたことから急遽実現し、米大統領として初めて北朝鮮領内に足を踏み入れました。

北朝鮮はトランプ大統領の要請に応じ、核実験、長距離ミサイル実験を封印しました。トランプ氏が選挙戦中にコロナに感染すると、金氏は「一日も早い全快を祈る」と見舞いの電報を送りました。北朝鮮はトランプ政権二期目に本格的な交渉に入り、制裁緩和や国交正常化を狙っていたはずですが、当てが外れました。

バイデン大統領は選挙戦で、金総書記を「悪党（thug）」と呼び、「北朝鮮が非核化の意思を示さない限り、首脳対話はしない」と冷淡でした。北朝鮮メディアも、バイデン氏を「執権欲に狂った老いぼれ」と批判していました。

前政権との間で進めた非核化交渉は振り出しに戻りそうです。金総書記は党大会で、アメリカを「最大の主敵」と呼び、核兵器の技術開発を進めると強調しました。北朝鮮が再び瀬戸際外交に着手し、米朝対立が再燃するかもしれません。


金正恩氏との板門店会談に向かうトランプ大統領が機内で側近に尋ねた。

「米国と北朝鮮の時差は何時間だ」

「百年と十三時間です」


米朝首脳会談の開催中、北朝鮮は隙を見てトランプ大統領を誘拐し、北朝鮮に拉致した。その後、北朝鮮は米政府に身代金を要求した。

「百億ドル支払え。さもないと生かして返すぞ」


問●アメリカと北朝鮮の権力継承の違いは何か？

答●北朝鮮では、権力は祖父から孫へ移管される。

アメリカでは、権力は祖父から祖父へ移管される。

問●トランプ大統領と金正恩委員長の共通点は何か？

答●最悪のヘアカット。

問●北朝鮮を崩壊させる最短の道は何か？

答●トランプ大統領が北朝鮮の最高指導者になることだ。

船が沈みかけた時、船長は乗客にどう飛び降りるよう説得するか——。

日本人には「全員が飛び降りました」

大阪人には「阪神タイガースが優勝しました」

韓国人には「日本人も飛び降りました」

北朝鮮反体制派には「脱北のチャンスです」

北朝鮮幹部には「将軍様に貰ったロレックスの時計が落ちました」

北朝鮮の後継者、金正恩氏が農村を視察し、農民に語りかけた。

「金日成・金正日時代に比べて、今の暮らしはどうですか?」

「ますます悪くなっています。金日成時代には服が三着、金正日時代には二着だったのに、今はこの一着だけです」

「しかし、アフリカでは裸で歩く人が多い」

「アフリカでは四代目が登場したのですか?」


金正恩総書記があの世の父・金正日総書記に電話して尋ねた。

「どうしたらこの国をうまく治めることができますか」

「簡単だ。反政府分子を百万人処刑し、党幹部一万人を投獄し、毎日寿司を食べることだ」

「なぜ寿司なのですか」

「やはり私の思った通りだ。最初の二点について、われわれの間に相違はなかった」

側近が金正恩総書記に報告した。

「グッドニュースとバッドニュースがあります。グッドニュースは、イランがわが国のミサイルを購入し、現金を送ってきました」

「バッドニュースはなんだ」

「送られてきた米ドルは、わが国で印刷された紙幣です」


北朝鮮の漁船が操業中、嵐に見舞われて座礁した。船員が、この嵐では誰も救出に来ないと絶望していると、船長が言った。

「大丈夫だ。『金正恩体制を打倒する』と電報を打った。国家安全保衛部が迎えに来るだろう」

キューバのカストロ首相があの世に行くと、北朝鮮の金正日総書記やチャベス・ベネズエラ大統領に迎えられた。
金正日「ここにいる反米組でバスケットボールのドリームチームを作りましょう。カダフィ大佐やフセイン大統領、ビンラディン氏もいます」

チャベス「もう少し待って野球のドリームチームにしましょう。イランやシリアの同志も来るはずです」

文大統領もムショ支度?

日韓関係は何年も前から、国交正常化以来最悪といわれていますが、二〇二〇年は「最悪」を積み重ねました。

従来の「竹島」「靖国」「教科書」「慰安婦」の四点セットに加え、新たに起きた「徴用工問題は、次元が異なる気がします。

一九六五年に合意した日韓基本条約・請求権協定を覆そうとするちゃぶ台返しであり、日本側は到底受け入れられません。これを放置すれば、賠償の対象がとめどなく広がり、際限がなくなります。

韓国では、十六世紀末期の豊臣秀吉の朝鮮出兵で犠牲になった兵士の末裔が「謝罪と賠償」を求めて立ち上がるといったジョークもあります。

反日政策をとる文在寅大統領もさすがに行き過ぎを警戒し、二〇二一年一月の会見で、徴用工判決や慰安婦判決によって日本企業の資産が現金化されるのは、「韓日関係にとって望ましいことだとは思わない」と軟化発言をしました。外交的波紋を憂慮し始めたようですが、韓国司法は国際法の枠組みを超えて独走しています。

日韓関係の冷却は、同盟国の結束を重視するバイデン政権も憂慮しており、仲介を試みるかもしれません。

その文大統領も政権晩年に入っており、退任後は、「普通に暮らすことなど絶対にできない。李明博、朴槿恵の二人の大統領を刑務所に送っており、退任後はその無理を問われ、社会的に葬られる可能性が十分にある」（韓国人ジャーナリスト、趙甲濟氏）とみられています。

後継政権が保守、リベラルのどちらに転ぶかにもよりますが、報復と歴史清算を繰り返す韓国政治史からみて、文大統領も悲惨な結末が待っているかもしれません。

自国の悪口を言うのが日本人。

日本人の悪口を言うのが韓国人。
日本人と韓国人の悪口を言うのが中国人。

問●北朝鮮はなぜ、韓国より無慈悲なのか？
答●Soul（Seoul）がないからだ。

問●韓国と北朝鮮の売り物は何か？
答●K-POPとK-BOMB。

問●世界で最も公園（Park、朴）の多い国はどこか？
答●韓国と北朝鮮だ。

安倍首相が二〇一三年、靖国神社を参拝すると、中国と韓国が激しく抗議した。
その後、安倍首相は靖国参拝を避けた。

やがて中韓両国から、首相官邸に秘密メッセージが届けられた。

「やはり参拝してほしい」

鳩山由紀夫元首相が中国の「南京大虐殺記念館」で謝罪し、ソウルの西大門刑務所跡の歴史館で土下座するのを見て、首相官邸が中韓両国に警告した。

「鳩にエサを与えないでください」

退陣が近づく文大統領の下に、保険会社のスタッフが勧誘に訪れた。

「生命保険への加入はいかがですか?」

「掛け金が高すぎるが……」

「前任者の多くが死刑判決なので仕方ありません」

「処刑された大統領はいないはずだが……」

「では、服役日数に応じて保険金が支払われる元高官専用の刑務所保険はいかがですか」

菅首相の「勝負ゼリフ」

菅義偉首相が生まれ育った秋田県南部の湯沢市は、日本有数の豪雪地帯です。「秋田の農家の長男に生まれた私は……」は、菅首相の決めゼリフで、自民党総裁選の演説や首相就任会見など重要局面で口にしました。「勝負服」ならぬ「勝負ゼリフ」でしょう。「叩き上げ」「庶民派」を強調することで、大衆の気持ちが分かることをアピールする狙いかもしれません。

日本の総理は二十一世紀に入って、小泉、安倍、福田、麻生、鳩山と政治家一族出身者が多く、久々の農家出身宰相です。

筆者も岡山県の農村出身ですが、「農家の長男」は「農家の嫁」と並んで、高齢の日本人にとって強烈な郷愁を抱かせる言葉です。「集団就職」「板橋の段ボール工場」も同世代の団塊の人々の琴線に触れました。

「地縁血縁のないゼロからのスタートだった。私のような普通の人間でも努力をすれば首相を目指すことができる。これが日本の民主主義だ」と総裁選出馬演説で強調しました。

東北出身の首相は五人目で、他の四人は岩手県出身。岩手県以外の東北出身宰相は初めてです。

ただし、菅家は農家といっても、父親は戦前、満鉄に勤務して事業の才覚があり、ブランド・イチゴの開発に成功し、裕福でした。母親は教師で、姉二人も大学を卒業。菅首相は酒を一滴も飲まず、秋田県人のイメージとは異なる——と、地元紙『秋田魁新報』（二〇年九月二十一日付）が書いていました。

筆者は官房長官時代の菅氏と一度立ち話をしたことがありますが、隙のないカミソリという印象でした。都内で開かれた秋田犬保存会全国展のイベントで、「学生時代、下宿先の主人が秋田犬を飼っており、郷里を思い出していつも勇気づけられた」と述べて秋田と秋田犬を売り込んでいました。

政治家としての菅首相は、遅咲きながら巧みに派閥横断を繰り返し、官房長官時代は権謀術数にたけた策士のイメージがあります。「令和おじさん」の強運にも恵まれ、安倍氏退陣のタイミングで素早く仕掛け、主要派閥を結集して首相の座を射止めました。

二〇年の就任直後は比較的高い支持率でしたが、新型コロナ第三波への対応の遅れで徐々に低下してきました。放送事業会社に勤務する「総理の長男」らによる総務省幹部らへの接待という問題も浮上しました。自民党内で「菅おろし」が起きるかもしれず、菅首相にとって早くも正念場です。

ポスト菅の新総理は、再びエリート一族出身になりそうで、「農家の長男」は菅氏が最後かもしれません。

神が首相官邸に現れ、菅義偉首相に言った。

「総理になったのに、元気がないな。君の願いをかなえてあげよう」

「では、新型コロナを終息させてください」

「分かった。やってみよう」

「コロナ後の景気回復を急がせてください」

「それもやってみよう」

「自民党の各派閥をいつまでも結集させ、長期政権にさせてください」

「それは無理だ。自民党のアイデンティティーを壊すわけにはいかない」

菅首相が政権運営に頭を悩ませていると神が現れた。

「政権を取ったのに元気がないな。君の願いをかなえてあげよう」

「では、新型コロナを終息させてください」

「それは無理だ。別の願いにしてくれ」

「では、次の総選挙で圧勝させてください」

「……コロナの方をやってみよう」


バイデン大統領が補佐官と、日米関係について話し合った。

「スガとかアベとかノダとかカンとか私にも覚えやすい名前が多いのはよかった」

「早期交代に備えて、外国人向けにシンプルな名前を選ぶようです」

日米首脳電話協議の後、バイデン大統領が補佐官に言った。

「日本の首相は口数が少なく、おとなしいようだ。私が辞めるまでに、ジョーと呼んでくれるだろうか」
「その頃には、新しい首相が誕生しているでしょう」

アベノミクスのおとぎ話

菅首相の前任、安倍晋三首相は病気を理由に二〇二〇年九月で退任しましたが、それまで五人の首相が一年でころころ代わっただけに、七年八カ月は異例の長期政権でした。

この間「安倍一強」体制が堅固で、安保法制の整備や二度の消費税率引き上げなど、短期政権では困難な課題を実行しました。

首脳外交を得意とし、外務省から外交権限を奪って官邸外交を進め、世界を回って日本の存在感を高めました。「Japan is Back」「Buy my Abenomics」など、英語のフレーズも印象的でした。

トランプ大統領、プーチン大統領、エルドアン・トルコ大統領、モディ・インド首相ら気難しい指導者と平気で渡り合い、親交を深めた手腕は「猛獣使い」といわれました。

とりわけ、トランプ大統領との親しい関係は日米関係を強化しました。一九年には四月に安倍首相が訪米、五月にトランプ大統領が来日、六月にも大阪でのG20（主要二十カ国・地域）首脳会議に大統領が出席と、戦後史でも異例となる三カ月連続の日米首脳会談が行われました。ゴルフ、鉄板焼き、大相撲と、至れり尽くせりの接待でした。

その割には、トランプ大統領が「日米安保条約破棄」に言及するなど、内容は今一つでしたが、米三大テレビの深夜のトークショーでは、安倍首相もネタとして登場しました。日本の総理がトークショーで取り上げられたのは、ブッシュ（子）大統領と親しかった小泉純一郎首相以来と思われます。

安倍首相はトランプ大統領をゴルフ場に連れていき、スマホで自撮りをし、一緒にダブルチーズバーガーを食べた。

まるで、離婚して親権を失った父親が十代の息子と週末を過ごしているようだ。

問●大相撲を観戦したトランプ大統領が、土俵のそばの桟敷席ではなく、少し離れた席に座ったのはなぜか？

答●相撲レスラーに激突されると、超大国の威信が地に落ちるからだ。

問●トランプ大統領夫妻訪日中の安倍首相夫妻の役回りは何か？

答●ヘリコプター・ペアレンツ（過保護の親）だ。

ヘリコプター・ペアレンツとは、ヘリで上空から子どもを監視し、子どもの身に何かあると、慌てて急降下する過保護のイメージを示す英語のスラングです。日米関係の立ち位置は、アメリカ人にはそう映るのでしょう。

安倍政権の看板、アベノミクスは、株価や企業業績、雇用改善で効果がありました。コロナ禍までは、企業の人手不足と重なり、学生の就活もすっかり好転しました。

大学生と話して驚くのは、雇用好転のおかげか、学生の多くが保守志向になり、自公連立政権を支持していることです。一九六〇年代、七〇年代の大学生の大半が反政府の左翼だった頃からすれば、隔世の感があります。

逆に、記者や学者のなかには定年後、昔取った杵柄で左翼に先祖返りし、革新政党のビラを撒く人が少なくありません。

アベノミクスでは、「第三の矢」の成長戦略は看板倒れで、デジタル化の遅れや、格差拡大も目立ちました。東京地検が捜査した「桜を見る会」疑惑の再燃も、安倍氏の再々登板を困難にしそうです。

新型コロナの感染拡大は世界経済および日本経済に大打撃を与えており、菅政権の経済政策は前途多難です。


安倍晋三首相の退陣に伴い、大阪・阿倍野のお好み焼き店の人気メニュー「アベノミックス焼」も販売を終了した。

店主が理由を説明した。

「しょせん、小手先にすぎなかった」

書店で客がスタッフに尋ねた。

「アベノミクスに関する本はどこにありますか？」

「フィクションの棚は突き当たりです」


問●おとぎ話とアベノミクスの違いは何か？

答●おとぎ話は「昔々、あるところに……」で始まる。

　アベノミクスは「やがて、いつかは……」で終わる。


問●憲法をめぐるロシアと日本の違いは何か？

答●ロシアでは、プーチン大統領が好きなように憲法を変更する。

　日本では、安倍首相が好きなように憲法解釈を変更する。


二〇一九年の参院選で、安倍首相は「民主党の枝野さん」と連呼し、立憲民主党の党名を間違えるパフォーマンスを見せた。

それを聞いた自民党の二階幹事長が笑いながら拍手すると、安倍首相が感謝した。

「ありがとうございます、新生党の二階さん」
「政党名が違う」
「新進党の二階さん」
「違う」
「自由党の二階さん」
「違う」
「保守党の二階さん」
「あんた、わざとやっているだろ」

民主党政権アーカイブス

安倍晋三首相の通算在任期間は約八年八カ月で、憲政史上最長記録を更新しました。明治以降、首相の在職期間ランキングは、①安倍晋三、②桂太郎、③佐藤栄作、④伊藤博文、⑤吉田茂――の順で、トップ四人が山口県を地盤にしています。

一期目は病気により一年で退陣したひ弱な印象からは、二期目が七年八カ月も続き、「安倍一強」を築くとは予想できませんでした。本人が再起に向けて、反省や学習を重ねた効果もありますが、長期政権を可能にした陰の立役者は、三年にわたった民主党政権でしょう。

二〇〇九年七月の総選挙は民主党が圧勝し、悲願の政権交代を実現。鳩山由紀夫内閣が発足しました。発足当初は国民の圧倒的な期待を受け、支持率は七〇％を超えました。しかし、期待はやがて失望に変わります。

鳩山氏の母親からの「子ども手当」、陸山会事件など小沢一郎幹事長の政治資金疑惑、普天間基地移設問題をめぐる「最低でも県外」発言、マニフェストの修正、消費税などをめぐる内部対立と分裂、高速道路無償化や八ッ場ダムをめぐるごたごた、円高不況とデフレ経済、尖閣諸島周辺の中国漁船衝突事件……。なかでも、東日本大震災後の菅直人政権の危機管理能力の欠如は決定的でした。

少子化対策の「子ども手当」や税金の無駄を暴く「事業仕分け」など、評価すべき政策もありましたが、民主党は一二年末の総選挙で惨敗し、安倍政権が誕生します。

国政選挙の遊説で、安倍氏の定番は「悪夢の民主党政権」批判でした。

「自民党が惨敗し、あの悪夢のような民主党政権が誕生したわけであります」「再びあの悪夢が戻ってくることがないよう、しっかり勝ち抜いていきます」

「悪夢」批判は毎度、安倍氏の演説のお約束で、聴衆の笑いを取っていました。

安倍氏が親しかったプーチン大統領も選挙演説では、社会・経済混乱が続いた一九九〇年代に触れ、「あの悪夢の時代に再び戻りたいのか」と有権者の恐怖心を煽っていました。ソ連崩壊後の九〇年代の混乱と、三年間の民主党政権の失敗が、プーチン、安倍両長期政権の原動力かもしれません。

民主党政権時代には国内のジョーク・サイトや2ちゃんねるで、傑作なネタが次々に書き込まれていました。以下は民主党政権時代のアーカイブスです。

問●自民党政権が五十年かけても達成できなかったのに、民主党政権が三年で達成できたものは何か?

答●自民党政権の良さを国民に認識させたことだ。

鳩山首相の記者会見で記者団が消費税率引き上げ問題を質問した。すると、鳩山首相は側近を呼んで小声で尋ねた。

「そのことについて、小沢幹事長はなんと言っていたか」

オバマ大統領の補佐官が大統領に報告した。

「鳩山首相が普天間基地の辺野古移設案を撤回しました」

「彼は私に、trust me と言ったはずだが……」

「trash me（私を捨てて）だったのでしょう」

二〇〇九年、日米首脳会談で――。

オバマ大統領「アフガニスタンに潜伏するオサマ・ビンラディンの行方が分からないことを憂慮している」

鳩山首相「都内に潜伏する小沢幹事長の行方が分からないことを憂慮している」

イチロー・一郎比較論

選球眼がすごいのがイチロー、請求額がすごいのが一郎。
土壇場に強いのがイチロー、土建屋に強いのが一郎。
投手から転向したのがイチロー、党首から転落したのが一郎。
快挙がイチロー、検挙が一郎。
打撃不振を装うのがイチロー、体調不良を装うのが一郎。
ヒットで「やった」と言うのがイチロー、「秘書がやった」と言うのが一郎。
闘志を燃やすのがイチロー、証拠を燃やすのが一郎。
九回の裏に活躍するのがイチロー、政界の裏で暗躍するのが一郎。

伊達直人・菅直人比較論

子どもたちにランドセルを背負わせたいのが伊達直人、子どもたちに借金を背負わせたいのが菅直人。
必殺技を決めるのが伊達直人、「俺に決めさせるな」が菅直人。

リングで虎を被るのが伊達直人、選挙で猫を被るのが菅直人。
贈与するのが伊達直人、増税するのが菅直人。
フェアプレーで戦うのが伊達直人、スタンドプレーで目立とうとするのが菅直人。
プロレスで全勝するのが伊達直人、選挙で全敗したのが菅直人。

二〇一二年総選挙のスローガン――
安倍首相「私たちに任せてください」
民主党「私たちに任せないでください」

名越健郎　なごし・けんろう

拓殖大学海外事情研究所教授。1953年岡山県生まれ。東京外国語大学卒。時事通信社に入社。バンコク、モスクワ、ワシントン、モスクワ各支局、外信部長、仙台支社長などを経て退社。2012年から現職。国際教養大学特任教授（21年まで）。博士（安全保障、拓殖大学大学院）。主な著書に、『秘密資金の戦後政党史』（新潮選書）『北方領土はなぜ還ってこないのか』（海竜社）『独裁者プーチン』（文春新書）など。

日経プレミアシリーズ｜461

ジョークで読《よ》む世《せ》界《かい》ウラ事《じ》情《じょう》

二〇二一年五月七日　一刷

著者　名越健郎
発行者　白石　賢
発行　日経BP
　　日本経済新聞出版本部
発売　日経BPマーケティング
　　〒一〇五―八三〇八
　　東京都港区虎ノ門四―三―一二

装幀　ベターデイズ
組版　マーリンクレイン
印刷・製本　凸版印刷株式会社

ISBN 978-4-532-26461-1　Printed in Japan